公路安全韧性提升技术指南

（试行）

中交公路规划设计院有限公司　主编

人民交通出版社

北京

图书在版编目(CIP)数据

公路安全韧性提升技术指南：试行 / 中交公路规划设计院有限公司主编. — 北京：人民交通出版社股份有限公司，2025.4. — ISBN 978-7-114-20361-9

Ⅰ. U492.8-62

中国国家版本馆 CIP 数据核字第 2025EZ9535 号

Gonglu Anquan Renxing Tisheng Jishu Zhinan（Shixing）

书　　名：	**公路安全韧性提升技术指南（试行）**
主编单位：	中交公路规划设计院有限公司
责任编辑：	石　遥　李　农　刘永超
责任校对：	卢　弦
责任印制：	张　凯
出版发行：	人民交通出版社
地　　址：	(100011) 北京市朝阳区安定门外外馆斜街 3 号
网　　址：	http://www.ccpcl.com.cn
销售电话：	(010)85285857
总 经 销：	人民交通出版社发行部
经　　销：	各地新华书店
印　　刷：	北京市密东印刷有限公司
开　　本：	880×1230　1/16
印　　张：	4
字　　数：	88 千
版　　次：	2025 年 4 月　第 1 版
印　　次：	2025 年 4 月　第 1 次印刷
书　　号：	ISBN 978-7-114-20361-9
定　　价：	70.00 元

(有印刷、装订质量问题的图书，由本社负责调换)

前　言

为进一步规范和指导公路安全韧性提升工程，交通运输部公路局组织技术支持单位编制《公路安全韧性提升技术指南（试行）》（以下简称"指南"）。

在编制过程中，编制单位进行了大量的工程事件、灾害调研，吸取了国内外有关科研、院校、设计、检测、运营等单位的研究成果和应用经验，参考、借鉴了国内外先进的标准、规范和手册，通过多种方式广泛征求有关单位和人员的意见，经多次修改完善，形成本指南。

本指南由7章和5个附录组成，主要内容包括：1 总则、2 术语、3 安全韧性评估、4 设施安全韧性提升、5 制度体系提升、6 建设质量控制、7 验收，以及附录 A 安全韧性评估、工可及设计取费，附录 B 可借鉴推广的做法清单，附录 C 资料清单，附录 D 单体工程评估，附录 E 制度体系评估。

请各有关单位在执行过程中，将发现的问题和意见，函告本指南日常管理组，联系人：李准华（地址：北京市东城区东四前炒面胡同33号；邮编：100010；电子邮箱：lizhunhua@hpdi.com.cn），或廖军（地址：北京市海淀区西土城路8号；邮编：100088；电子邮箱：j.liao@rioh.cn）。

主编单位：中交公路规划设计院有限公司
参编单位：交通运输部公路科学研究院

目 录

1 总则 ·· 1
2 术语 ·· 3
3 安全韧性评估 ··· 4
   3.1 一般规定 ·· 4
   3.2 评估对象 ·· 4
   3.3 评估方法 ·· 8
   3.4 评估指标 ·· 10
   3.5 评估报告编制 ··· 12
4 设施安全韧性提升 ··· 13
   4.1 一般规定 ·· 13
   4.2 安全韧性提升路段 ·· 14
   4.3 路基路面 ·· 15
   4.4 桥涵 ··· 16
   4.5 隧道 ··· 19
   4.6 路线交叉 ·· 22
   4.7 交通工程及沿线设施 ··· 23
   4.8 结构监测工程 ··· 23
5 制度体系提升 ··· 25
   5.1 一般规定 ·· 25
   5.2 制度保障 ·· 25
   5.3 联动机制 ·· 26
   5.4 抗灾准备 ·· 26
   5.5 预防应对 ·· 27
   5.6 应急响应 ·· 28
6 建设质量控制 ··· 29
   6.1 一般规定 ·· 29
   6.2 建管养一体化要求 ·· 29
7 验收 ·· 31
附录 A 安全韧性评估、工可及设计取费 ··· 32

附录 B 可借鉴推广的做法清单 ………………………………………… 34
附录 C 资料清单 ……………………………………………………… 38
附录 D 单体工程评估 ………………………………………………… 39
附录 E 制度体系评估 ………………………………………………… 56

1 总则

1.0.1 为规范和指导公路安全韧性提升行动，打造安全可靠、经济适用、韧性耐久的现代化公路基础设施，制定本指南。

1.0.2 本指南适用于已纳入公路安全韧性提升行动的公路项目。

条文说明

公路安全韧性提升建设范围包括水文地质等外部环境发生重大变化且建设年代较早的高速公路，受自然环境严重侵蚀且建设年代较早的跨江跨海跨峡谷通道，水文地质等外部环境发生重大变化且建设年代较早的普通国道，沿边地区普通国道等。

水文地质等外部环境发生重大变化且建设年代较早的高速公路是指《公路工程技术标准》(JTG B01—2014)颁布实施之前设计的国家高速公路，因受沿线水文地质等外部环境变化影响，周边及上游降水(雪)量发生重大变化，地震断裂带发展，岩土体破碎，交通量显著增长，导致抗洪、抗震、安全防护等设防要求超出原设计标准的。

受自然环境严重侵蚀且建设年代较早的跨江跨海跨峡谷通道是指《公路工程技术标准》(JTG B01—2014)颁布实施之前设计的跨江(重点是长江、黄河、珠江等)、跨海(重点是胶州湾、杭州湾、泉州湾、厦门湾、大湾区等)、跨峡谷(最大相对高差100m及以上)国家高速公路通道，因受海洋等高盐高湿环境腐蚀、台风或峡谷风致振动、潮汐水流反复冲刷、交通量大幅增加等因素影响，导致结构承载能力、抗风、耐久性、安全防护等设防要求超出原设计标准的。

水文地质等外部环境发生重大变化且建设年代较早的普通国道是指《公路工程技术标准》(JTG B01—2014)颁布实施之前设计的普通国道，因所处水系特征、工程地质与水文地质条件、交通量等外部环境发生重大变化，灾害频发，导致耐久性、抗震、安全防护、应急抢通保通能力等设防要求超出原设计标准的。沿边地区普通国道是指因受地质断裂带、地震、高山、峡谷、集中性频发降雨、泥石流、崩塌、多变气候、高寒高海拔等建设限制条件影响，承载能力、防灾抗灾、安全防护等设防要求超出原设计标准的。

1.0.3 公路安全韧性提升应强化近远结合，区分轻重缓急，分步骤有序推进；强化全灾种全领域防范应对，加快补齐长期积累的短板弱项；强化监测预警，实现精准监测、精准预警、精准管控、精准治理；强化综合施策，统筹工程措施和管理措施，发挥叠加效应。

1.0.4 公路安全韧性提升包括设施安全韧性提升和制度体系提升；实施过程包括工程可行性研究(工可)(含安全韧性评估)、初步设计和施工图设计、提升工程实施、验收(含安全韧性评估)等。

条文说明

安全韧性评估是提升工程的基础。工程可行性研究阶段，安全韧性评估要系统梳理公路灾害风险隐患排查整治、高速公路设计回溯(包括设计文件、排查评估报告等内容)、公路检查检测报告等工作成果，加强对水文地质、极端自然灾害、交通安全等因素分析，指导工程可行性研究深度达到规定的要求。验收阶段，安全韧性评估要系统分析工程措施和管理措施取得的成效，总结量化实施前后对比，指导验收工作，确保取得实效。

根据《关于投资项目可行性研究报告编写大纲的说明》，可结合项目实际情况对大纲所要求的内容予以适当调整。当具体提升工程对通行能力和交通量水平影响微弱或不产生实质影响时，可适当调整第三章的在社会经济发展中项目对经济的需求分析、第七章的财务方案、第八章的经济影响分析和资源能源利用效果分析等内容；当本项目不涉及公路运营模式或对运营模式影响甚微时，可适当调整第六章的项目运营方案等内容。

1.0.5 安全韧性评估、工可和提升设计复杂、风险高、难度大、经验少，鼓励优质优价，相关取费参见附录 A。

条文说明

不同于新建及常规改建项目，安全韧性评估、工可和提升设计复杂、风险高、难度大、经验少，包括内外业调查、安全韧性评估、考虑现有建设条件和运营条件约束下的提升设计等内容，既包括一点一策，也包括一类问题的专项改建设计等。因此，在安全韧性工程取费标准上应更加体现工程复杂度和技术复杂性，体现优质优价的原则，形成正向激励。

1.0.6 公路安全韧性提升应在满足安全和使用功能的条件下，鼓励采用成熟的新技术、新材料、新工艺、新产品，必要时应进行技术论证。可参考借鉴的工法、材料、工艺及产品等见附录 B。

1.0.7 公路安全韧性提升除应符合本指南的规定外，尚应符合国家和行业相关标准规范的基本规定。

2 术语

2.0.1 公路安全韧性　highway safety resilience

在遭遇各种自然灾害或极端环境条件下，公路设施和管理体系承受、适应和恢复的能力。

2.0.2 公路安全韧性评估　evaluation of highway safety resilience

按照一定的方法和程序，针对公路设施和制度体系所具备的冗余性、应变性、稳健性、恢复性、适应性进行的综合分析与评价。

2.0.3 综合评估法　comprehensive evaluation of highway safety resilience

综合考虑公路设施安全韧性和制度体系协同作用的公路安全韧性评估方法。

2.0.4 公路安全韧性度　value of highway safety resilience

用于表征公路安全韧性水平的指标，由项目工程评分值与制度体系贡献度乘积确定。

2.0.5 特性指标　characteristic indicators of highway safety resilience

用于评估公路路线、路基路面、桥涵、隧道、交通安全设施等专业工程安全韧性属性的指标，包括冗余性、应变性、稳健性、恢复性、适应性。

2.0.6 提升率　improvement rate of highway safety resilience

提升工程实施后与工程可行性研究阶段的公路安全韧性度差值和工程可行性研究阶段公路安全韧性度的比值。

3 安全韧性评估

3.1 一般规定

3.1.1 纳入公路安全韧性提升行动的公路项目应开展安全韧性评估工作。

3.1.2 公路安全韧性评估应在工程可行性研究和工程验收阶段分别开展。

条文说明

按照本指南开展安全韧性评估是针对遭受水文、地质、气象及地震等外部环境变化条件下的公路，这类被评估公路都是满足设计和运营安全要求的。安全韧性提升工程区别于传统公路养护、加固、改造等专项处治工程，因此安全韧性评估与既有安全评估有本质区别，更侧重于评估公路在面对自然灾害或极端环境时，抵御外部扰动、保持安全运行和快速恢复的能力。为更好地指导安全韧性提升工作，需在工程可行性研究阶段与验收阶段开展公路安全韧性评估，其中验收阶段的安全韧性评估在项目主体施工完成后2~3个月内实施，宜由工程可行性研究阶段评估单位实施。

3.1.3 公路安全韧性评估内容包括基础设施和制度体系两部分。

3.1.4 公路安全韧性评估应结合公路承灾体普查、公路灾害风险隐患排查、高速公路设计回溯及运营管理单位风险隐患排查成果开展。

3.1.5 公路安全韧性评估采用综合评估法。

3.1.6 公路安全韧性评估可按前期准备、资料收集(资料清单见附录C)、评估对象筛查、现场调查、工可阶段评估及验收阶段评估等步骤开展，工作流程见图3.1.6。

3.2 评估对象

3.2.1 评估对象应在公路承灾体普查、历次公路灾害风险隐患排查、高速公路设计回溯及运营管理单位风险隐患排查的基础上合理确定。

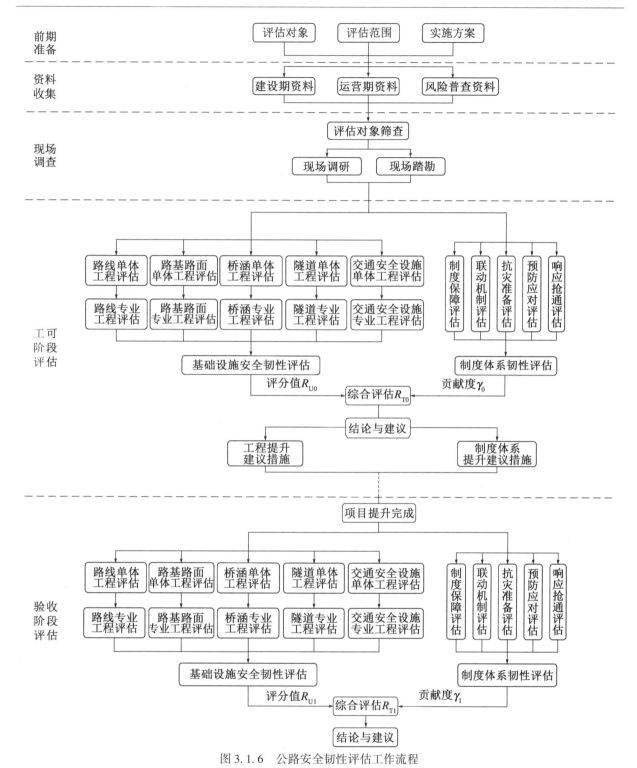

图 3.1.6 公路安全韧性评估工作流程

条文说明

公路承灾体普查指 2020 年至今持续开展的全国自然灾害综合风险公路承灾体普查。

在根据运营管理单位提供的风险隐患排查清单进行评估对象筛查时，需要根据最近的公路检查检测报告、日常养护资料及与养护单位技术人员座谈、工程现场踏勘等信息综合识别、确定。

3.2.2 公路承灾体普查和公路灾害风险隐患排查的一、二级风险点及影响范围内的桥涵、隧道，以及高速公路设计回溯的重大、较大风险点应列为评估对象；其他等级的风险点及影响范围内的路基路面、桥涵、隧道，且符合本指南中 3.2.4～3.2.6 条要求时应列为评估对象。

3.2.3 路线符合下列条件之一的应列为评估对象，且应逐段评估：
1 受水文、地质、气象等外部环境变化影响，采用其他措施无法解决，需调整公路线位的高风险路段。
2 受现状通行需求变化影响，公路线形组合不良且不满足现行规范，采用其他措施无法解决，需调整公路线位或采取加宽横断面等土建工程措施的高风险路段。
3 受现状通行需求变化影响，公路连续纵坡路段通行能力不足或通行安全高风险，采用其他措施无法解决，需调整公路线位或采取土建工程措施的路段。
4 受现状通行需求变化影响，互通立交、服务区通行能力和服务能力不足或通行安全高风险，采用其他措施无法解决，需采取土建工程措施的路段。

3.2.4 路基路面符合下列条件之一的应列为评估对象，且应逐段评估：
1 受水文、地质、气象及地震等外部环境变化，路基路面承载能力、防护能力、防排水能力和稳定性受较大影响，存在灾害风险的路段。
2 存在滑坡、崩塌、危岩落石、沉陷、水毁、泥石流、采空区的高填路堤、陡坡路堤、深挖路堑、临水临崖路基等路段。
3 路基路面排水系统难以适应极端降雨天气的路段。
4 多年冻土发育区，路基路面沉陷对行车舒适性与安全有较大影响的路段。

3.2.5 桥涵符合下列条件之一的应列为评估对象，且应逐桥涵评估：
1 受水文、地质、气象及地震等外部环境变化影响，存在灾害风险的桥涵。
2 海洋等高盐高湿环境腐蚀影响到结构或承重构件承载能力或使用性能的桥涵。
3 受台风或峡谷风变化影响，对抗风承载能力影响较大的桥梁，或风致行车安全影响较大，可能造成不良后果的桥梁。
4 因水文环境变化或航道等级提升、设防船型调整，船撞风险增加的桥梁。
5 通行车流量发生显著增加，与原设计荷载标准明显不符，主要承重构件承载能力受影响的桥涵。
6 主缆、斜拉索或吊杆(索)等受车致火灾影响的缆索体系结构桥梁。

条文说明

对于独立桥梁工程，可按不同扰动影响进行拆分。如受船撞影响的主桥，基础受河道变迁影响的引桥，可作为两个独立评估对象。

"三特"桥梁、结构体系存在缺陷的桥梁，筛查时要着重考虑。"三特"桥梁一般指特大桥梁、特殊结构桥梁、特别重要桥梁。根据《交通运输部关于进一步提升公路桥梁安全耐久水平的意见》（交公路发〔2020〕127号），结构存在缺陷的桥梁包括双曲拱桥、刚架拱桥、普通桁架拱桥等轻型少筋拱桥，悬臂梁桥、T形刚构桥等带挂梁结构的桥梁，无加劲纵梁吊杆拱桥等结构冗余度明显不足的桥梁。

1 地震影响主要针对建设期地震设防烈度等级为6度及以上，当前地震动峰值区划有提高的桥梁，以及涵洞中地震动峰值加速度大于或等于0.2g的明涵。

2、3 属于本指南1.0.2条的条文说明中"受自然环境严重侵蚀且建设年代较早的跨江跨海跨峡谷通道"的桥涵，以及除该类通道之外的国家高速公路或国道中跨江、跨海、跨峡谷，且受海洋等高盐或高湿环境腐蚀、台风或峡谷风致振动、潮汐水流反复冲刷等因素影响，导致结构承载能力、抗风及耐久性等设防要求超出原设计标准的桥梁。

3.2.6 隧道符合下列条件之一的应列为评估对象，且应逐隧评估：

1 受水文、地质、气象及地震等外部环境变化影响，导致洞口防洪抗灾能力及稳定性不足的隧道。

2 受水文、地质、气象及地震等外部环境变化影响，导致结构设施存在承载能力、抗突涌水能力不足的隧道。

3 受周边环境、地层严重变化影响，导致结构设施存在渗漏水严重、承载能力不足的水下隧道。

3.2.7 交通安全设施符合下列条件之一的应列为评估对象，且应逐段评估：

1 恶劣天气多发、自然灾害风险或通行安全风险较高路段。

2 大流量高速公路或大型车辆占比较高，交通安全设施不符合现行标准路段。

3 长大桥梁、特长隧道及隧道群、急弯、陡坡及长下坡、视距不良，交通安全设施不符合现行标准路段。

4 路侧计算净区宽度范围内存在铁路、公路、高压线塔、危险品储藏仓库、城市饮用水水源保护区、上跨桥墩等或中央分隔带存在上跨桥墩，交通安全设施不符合现行标准路段。

5 复杂枢纽互通立交或隧道、互通、服务设施等间距较小，交通安全设施不符合现行标准的路段。

条文说明

大流量高速公路是指服务水平达到《公路工程技术标准》（JTG B01—2014）中规定的三级或以下。

大型车辆占比较高是指总质量大于或等于25t的车辆自然数所占比例大于20%或载质量大于20t的货车和19座以上的客车车辆自然数之和所占比例大于20%。

3.2.8 实施安全韧性提升工程的公路项目应开展制度体系评估，并以运营管理单位制度体系为评估对象。

条文说明

项目工程中存在多个运营管理单位，应逐一开展评估。

3.3 评估方法

3.3.1 基础设施评估按单体工程、专业工程、项目工程逐级进行，并应符合下列规定：
1 单体工程为本指南第 3.2 节规定筛查出的路段或工点。
2 专业工程为本指南第 3.2 节规定筛查出的路线、路基路面、桥涵、隧道、交通安全设施各单体工程集合。
3 项目工程为路线、路基路面、桥涵、隧道、交通安全设施专业工程集合。

条文说明

1 路线单体工程包括公路主线与路线交叉符合评估对象筛查条件的路段；路线交叉中筛查出的路基路面、桥涵、交通安全设施分别纳为对应专业的单体工程。对于独立桥梁项目，也可按扰动类型纳为主桥、引桥等多个单体工程。
3 独立桥梁及接线工程，可纳为项目工程。

3.3.2 单体工程评分值用 R_I 表征，按本指南附录 D 计算。

3.3.3 专业工程评分值用 R_S 表征，按式（3.3.3）计算。

$$R_{SLX} = \frac{\sum_{i=1}^{N_1} \eta_{ILXi} R_{ILXi}}{N_1} \quad (3.3.3\text{-}1)$$

$$R_{SLM} = \frac{\sum_{i=1}^{N_2} \eta_{ILMi} R_{ILMi}}{N_2} \quad (3.3.3\text{-}2)$$

$$R_{SQH} = \frac{\sum_{i=1}^{N_3} \eta_{IQHi} R_{IQHi}}{N_3} \quad (3.3.3\text{-}3)$$

$$R_{SSD} = \frac{\sum_{i=1}^{N_4} \eta_{ISDi} R_{ISDi}}{N_4} \quad (3.3.3\text{-}4)$$

$$R_{SJA} = \frac{\sum_{i=1}^{N_5} \eta_{IJAi} R_{IJAi}}{N_5} \quad (3.3.3\text{-}5)$$

式中：R_{SLX}、R_{SLM}、R_{SQH}、R_{SSD}、R_{SJA}——路线、路基路面、桥涵、隧道、交通安全设施专业工程评分值；

$R_{\text{IL}Xi}$、$R_{\text{ILM}i}$、$R_{\text{IQH}i}$、$R_{\text{ISD}i}$、$R_{\text{IJA}i}$——路线、路基路面、桥涵、隧道、交通安全设施单体工程评分值;

$\eta_{\text{IL}Xi}$、$\eta_{\text{ILM}i}$、$\eta_{\text{IQH}i}$、$\eta_{\text{ISD}i}$、$\eta_{\text{IJA}i}$——路线、路基路面、桥涵、隧道、交通安全设施单体工程系数,一般取值为1,对于多数单体工程评分值较高,而少数重要单体工程评分值较低,存在专业工程评分值被拉高的情况,可根据工程具体情况,采用专家调查法对评分值较低的重要桥涵、隧道与路基路面单体工程系数进行确定,取值范围建议0.2~0.6之间;

N_1、N_2、N_3、N_4、N_5——路线、路基路面、桥涵、隧道、交通安全设施专业工程中安全韧性待提升的单项工程数量。

3.3.4 项目工程评分值用 R_U 表征,按式(3.3.4)计算。

$$R_U = \frac{\beta_{\text{SLX}}R_{\text{SLX}} + \beta_{\text{SLM}}R_{\text{SLM}} + \beta_{\text{SQH}}R_{\text{SQH}} + \beta_{\text{SSD}}R_{\text{SSD}} + \beta_{\text{SJA}}R_{\text{SJA}}}{\beta_{\text{SLX}} + \beta_{\text{SLM}} + \beta_{\text{SQH}} + \beta_{\text{SSD}} + \beta_{\text{SJA}}} \quad (3.3.4)$$

式中: R_U——项目工程评分值;

β_{SLX}、β_{SLM}、β_{SQH}、β_{SSD}、β_{SJA}——路线、路基路面、桥涵、隧道、交通安全设施专业工程系数,专业工程数量以实际为准,路线、交通安全设施专业工程 β 值建议取0.7,路基路面、桥涵、隧道专业工程 β 值建议取1,如对各专业工程 β 值存疑时,可采用专家调查法予以修正。

3.3.5 制度体系评分值 S,按本指南附录 E 计算。

3.3.6 公路安全韧性度用 R_T 表征,按式(3.3.6)计算,按表3.3.6的标准进行公路安全韧性等级评价。

$$R_T = \frac{1}{76}\gamma R_U \quad (3.3.6)$$

式中:γ——制度体系贡献度,按本指南附录 E 表 E.0.1-1 取值。

表3.3.6 公路安全韧性等级评价标准

公路安全韧性等级	公路安全韧性度 R_T	公路安全韧性等级	公路安全韧性度 R_T
高韧性(Ⅰ级)	$R_T \geq 1.2$	较低韧性(Ⅳ级)	$0.9 \leq R_T < 1.0$
较高韧性(Ⅱ级)	$1.1 \leq R_T < 1.2$	低韧性(Ⅴ级)	$R_T < 0.9$
中韧性(Ⅲ级)	$1.0 \leq R_T < 1.1$		

条文说明

安全韧性等级按五级设置,其中中韧性(Ⅲ级)的公路安全韧性度 R_T 下限以"1"作为基准进行划分。附录 D、E 评估的单体工程、专业工程、项目工程、制度体系评分值为百分制,评分值范围在 60~100 之间,式(3.3.6)中的系数 1/76 为两种分制的转换系数。

3.3.7 公路安全韧性提升率用 T_R 表征,按式(3.3.7)计算。

$$T_R = (R_{T1} - R_{T0})/R_{T0} \times 100\% \tag{3.3.7}$$

式中:R_{T1}——提升后安全韧性度;

R_{T0}——提升前安全韧性度。

3.3.8 单体工程评估存在下列情况之一时,应予以提升:

1 单体工程评分值 $R_1 < 84$。
2 关键项标度低于 4。

条文说明

1 "84"取值见附录 D.0.1 条文说明。
2 关键项见本指南附录 D 的表 D.0.1-1~表 D.0.1-9 的注释。

3.3.9 制度体系评分值 $S < 84$ 时应予以提升。

3.4 评估指标

3.4.1 根据工程特点,单体工程评估指标可由冗余性、应变性、稳健性、恢复性、适应性等特征指标组成,各特征指标按本指南附录 D 计算。

条文说明

在某次外部扰动下公路安全韧性的概念模型如图 3-1 所示。

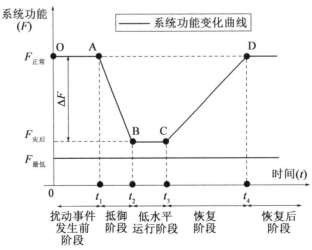

图 3-1 公路安全韧性概念模型图

图中，A点(t_1)表述：外部扰动事件发生时刻；B点(t_2)表述：外部扰动事件结束时刻；C点(t_3)表述：系统功能恢复启动时刻；D点(t_4)表述：系统功能恢复结束时刻；$F_{正常}$表述：正常状态下系统功能值；$F_{灾后}$表述：外部扰动中最小系统功能值；$F_{最低}$表述：公路安全运营所需最低系统功能值。

公路安全韧性是表述公路面对自然灾害或极端环境时，抵御外部扰动、保持安全运行和快速恢复的能力，包括冗余性、应变性、稳健性、恢复性、适应性共五个属性。其中冗余性是公路抵御外部扰动对其功能水平影响的能力指标，对应OA阶段属性；应变性是公路在扰动持续影响下维持正常服务水平的能力指标，对应AB阶段属性；稳健性是扰动发生后公路保持其功能的能力指标，对应D点属性；恢复性是扰动发生后公路可修复到正常服务水平的能力指标，对应CD阶段属性；适应性是扰动发生后公路保持不低于最低服务水平的能力指标，对应BC阶段属性。

对于公路工程的路线、路基路面、桥涵、隧道和交通安全设施等，路线和交通安全设施主要面对的是通行需求变化等扰动类型，而路基路面、桥涵、隧道主要面对的是环境重大变化等扰动类型，因此冗余性、应变性、稳健性、恢复性、适应性在每类设施上都有一定差异。路线是道路展线形状的统称，非构造物形式，灾害主要作用于路线上的构造物，如路基路面、桥涵、隧道等，而不存在路线的独立破坏，但路线承担着保障安全畅通的功能，并制约着沿线构造物的抗灾能力，因此，路线重点考虑冗余性、适应性。交通安全设施韧性主要体现在设施提醒、警示、诱导、防护等功能的水平，以及在扰动发生时设施维持上述功能正常服务水平的能力，即冗余性和应变性。稳健性、恢复性和适应性表征扰动发生以后设施保持或修复安全服务水平的能力，交通安全设施在灾害事件发生后一般整体更换，因此，重点考虑冗余性、应变性。

3.4.2 单体工程评估应符合下列规定：

1 受承灾体普查一级风险点或高速公路设计回溯重大风险点影响的单体工程，单体工程评分值R_1取68。

2 受承灾体普查二级风险点或高速公路设计回溯较大风险点影响的单体工程，单体工程评分值R_1取76，当计算分值低于76时，取计算分值。

3 除第1、2款外，单体工程评分值高于76，但其特征指标关键项标度为3时，单体工程评分值R_1取76。

3.4.3 本指南未给出相关扰动评分标度说明的，应根据扰动事件时空特性、影响范围与后果及处治措施等综合评分。

3.4.4 公路安全韧性提升后应满足下列要求：

1 提升的单体工程的"冗余性"关键项标度应不低于4，"应变性""稳健性""恢复性""适应性"的关键项标度宜不低于4。

2 提升的单体工程、专业工程、项目工程评分值均应不小于84。

3 公路安全韧性提升率 T_R 应不小于20%。
4 提升的制度体系评分值应不小于84。

条文说明

1 关键项见本指南附录D的表D.0.1-1~表D.0.1-9的注释。

3.5 评估报告编制

3.5.1 评估报告应包括项目工程评估、专业工程评估、单体工程评估及制度体系评估等内容。

3.5.2 评估结论应包括单体工程、专业工程、项目工程、制度体系评分值，公路安全韧性度与评估等级。

3.5.3 应根据单体工程、专业工程、项目工程评分值，统筹提出安全韧性提升建议措施。

3.5.4 应根据制度体系评分值，针对存在的不足提出安全韧性提升建议措施。

4 设施安全韧性提升

4.1 一般规定

4.1.1 应在安全韧性评估的基础上开展提升设计，确定项目的提升部分及所采用的技术标准、提升方案等。

条文说明

实施提升具备多种可行方案时，需进行方案比选。

提升设计开展前，必要时应进行补充专项检测或补充勘察等工作。

作为在役公路的安全韧性提升工程，还需按照现行《高速公路改扩建交通组织设计规范》(JTG/T 3392)的相关要求，综合考虑施工及运营安全、区域交通因素影响等，结合工程技术方案进行交通组织设计。

4.1.2 在现状安全韧性评估结论基础上，分析总结历史灾害、事件发生的原因和规律，综合考虑安全韧性提升需求、经济性、适用性等，确定提升技术标准，并应符合下列规定：

1 路线、路基路面、桥涵、隧道、路线交叉、交通工程及沿线设施等的提升部分，应根据建设条件的变化，具备条件时将防洪、抗震、安全防护等能力提升到现行标准的要求；灾害易发、多发等重要路段的提升部分，经论证后，可高于现行标准的要求。

2 具有特殊通行需求或现行标准缺乏相关规定或要求的指标，应通过评估论证，并在设计文件中明确设计标准和验收要求。

条文说明

对于特殊通行需求或者灾害作用等情况下，现行标准没有的指标，可通过历史灾害、事件分析并综合国内外有实践检验的研究成果、国外相关标准确定。

4.1.3 安全韧性提升应满足下列要求：

1 综合考虑现状情况、施工条件、安全风险隐患，综合论证工程实施对既有公路运营影响，合理确定提升内容和技术方案，合理确定工程规模。

2 采取防治结合的措施，减小不良地质灾害和极端环境的外部影响；遵循利用与改造相结合的原则，着力增加在建设条件发生重大不利变化、自然环境侵蚀等环境下结构自身抵御灾害的能力，提高冗余设计，提升结构安全韧性。

3 针对路线、路基路面、桥涵、隧道、路线交叉、交通工程及沿线设施、结构监测工程、制度体系等进行系统性和综合性提升。

4 充分完善和提升影响主体结构安全韧性的公路附属设施，预留必要的养护通道、设备及检修空间，达到可达可检可修和易维护。

5 注重环境保护与资源节约。

4.1.4 公路安全韧性提升应考虑全寿命周期成本，通过优化设计方案降低全周期养护成本。

4.2 安全韧性提升路段

4.2.1 经评估需调整公路线位或采取工程措施的路段，需对平面、纵断面、横断面和线形组合的关键要素进行分析，制定安全韧性提升方案。

4.2.2 针对视距不良的路段，应根据实际运行速度检验及运营安全性评价结论，合理采用加强交通安全设施设置、限速管理、清理路侧障碍物、调整中分带防眩形式、横断面优化布设、优化线形指标等措施消除视距不良的影响。

4.2.3 针对合成坡度及超高横坡设置欠佳，对行车有一定影响的路段，应根据运行车速、交通组成和路面条件，合理采用加强交通安全设施设置、限速管理、加强路面排水、调整超高横坡值等措施。

4.2.4 针对长大纵坡（或局部长、陡纵坡）路段，应按照《提升公路连续长陡下坡路段安全通行能力专项行动技术指南》（交办公路〔2019〕44号）规定，分类采取加强交通安全设施设置、限速管理、增设或改造货车检查站和停车区（加水站）、增设或改造避险车道、加强路面抗滑性能等措施。连续上坡路段通行能力不足或事故集中时，应按照相关标准规范规定，采取增设爬坡车道的措施。

4.2.5 针对水文地质条件发生重大变化，设计回溯反馈为存在较大风险的临河、临湖（库）、低洼及山前坡积区路段，韧性提升应校核涉及河流、湖（库）、内涝水位等相关水文资料，按照现行相关标准中洪水频率的要求，采取抬高道路高程、优化相关路段防排水系统的方案，采用支挡措施或论证采取改线绕避或路基改桥梁等工程方案。

4.3 路基路面

4.3.1 路基路面安全韧性提升应加强近年气象、水文、地震、洪水等极端环境与地质灾害、路基损坏的相关性及影响程度的调查分析，结合车流量、车型比例等，综合确定路基路面韧性提升的影响参数。

4.3.2 应结合评估结果，针对性地提升路基路面承载能力、防护能力、防排水能力等。

4.3.3 承载能力提升应符合下列规定：
1 路基路面承载能力提升应满足现行《公路路基设计规范》（JTG D30）、《公路沥青路面设计规范》（JTG D50）、《公路沥青路面养护设计规范》（JTG 5421）等规范的要求。
2 充分考虑极端强降雨及连续降雨工况、地下水位上升、路堤填料受水敏感等不利因素对路基变形的影响，评估既有路基沉降、抗变形能力。
3 当深厚软基长时间不能完成固结沉降，岩溶、采空区、陷穴发育的湿陷性黄土等抗灾能力不足时，应在充分评估岩土体性能的基础上，优化地基处理措施。
4 当挡墙、锚固结构耐久性下降而导致路基承载力下降时，应结合防护能力提升重新增设支挡、锚固工程等。
5 当地表水或地下水上升导致承载能力不足时，应结合防排水能力进行韧性提升。

4.3.4 防护能力提升应符合下列规定：
1 路基路面防护能力提升应满足现行《公路路基设计规范》（JTG D30）、《滑坡防治设计规范》（GB/T 38509）、《公路软土地基路堤设计与施工技术细则》（JTG/T D31-02）等规范的要求。
2 充分考虑极端强降雨及连续降雨工况对边坡稳定性的影响，充分考虑水对岩土体抗剪强度的弱化影响，充分考虑既有支挡、锚固工程性能衰变对稳定性的影响，并在此基础上评估既有边坡的稳定性。
3 充分评估现有防护措施对当地气候、水文、地质情况的适用性。当滑坡、崩塌危岩、泥石流等不良地质的防护措施因外部环境影响导致防护能力下降或不足时、当路基坡面风化严重、冲刷严重进而可能影响边坡稳定性时，应结合绿化、排水方案，优化防护工程措施。
4 做好韧性提升的总体设计。对受水文、地质、气象条件影响的大型不良地质路段（滑坡、不稳定斜坡、泥石流等），充分评估局部调整线位绕避、纵横断面优化或路改桥等方案的韧性度，并进行技术经济比选。
5 做好韧性提升的专业设计。运营期间坡面、支挡结构、防护设施发生了明显的变形、开裂和破损路段，综合评估弃土反压、消坡减载等提高边坡自身稳定性措施与增设支挡、锚固措施的方案韧性度及适用性，择优选用。

在地震烈度较高路段，需进行抗震验算，优化防护工程设计。

4.3.5 防排水能力提升应符合下列规定：

1 路基路面防排水能力提升应满足现行《公路路基设计规范》（JTG D30）、《公路排水设计规范》（JTG/T D33）、《公路沥青路面设计规范》（JTG D50）、《公路沥青路面养护设计规范》（JTG 5421）等规范要求。

2 排水提升应注重各种排水设施的功能、功效设计以及相互之间的衔接设计，路界范围内外的地表水、地下水应形成完备的排水系统。当排水系统功效不完备时，应扩充、增补相应设施。

3 充分考虑极端强降雨及连续降雨对排水系统的影响，结合当地气象、水文数据，充分评估排水设施受水侵害的风险大小，对于受水侵害风险大的多雨地区，可在现行标准基础上适当提高设计降雨重现期。

4 根据确定的提升设计标准，通过水文和水力分析计算确定排水设施尺寸。

5 对于水文地质条件复杂的滑坡、边坡，在准确评估地下水对现状稳定性影响的基础上，考虑增设排水隧洞、集水井、减压井、盲沟、深层排水管等措施。

6 完善路侧填平区排水系统，可采用截排疏导综合治理方式，确保路表水不进入路堤，避免产生管涌、流沙病害。对于排水系统缺陷的填平区，应考虑增设排水管、涵洞，或综合评估路堤整体稳定性提升方案后，与挖除填平区增设桥涵方案进行技术经济对比后择优选用。

7 多雨地区，为防止路面水对坡面的冲刷，可调整分散排水为集中排水，并相应优化坡面防护及急流槽、泄水槽设置。

8 超宽断面、互通分合流区域等局部路表排水不良、影响行车安全的路段，应通过优化调整纵横断面坡度、增设排水沟管、排水路面等措施提升。

9 陡坡或边坡处引导高速水流宜采取排水与通行功能相结合的结构。

4.3.6 路基路面的提升应结合建设条件、因地制宜选用耐紫外老化、抗凝冰-透水、重载交通下抗疲劳的路面材料等。

4.4 桥涵

4.4.1 桥涵安全韧性提升应遵循下列原则：

1 桥涵安全韧性提升工程除提升自身结构安全外，还应依据建设条件变化情况采取综合应对措施。

2 应结合结构特点及可能的灾害风险，对上部结构、下部结构和桥面系安全韧性进行系统提升，可采取拆除重建、利旧改造和加固等方式。

3 新增及改造结构应满足桥下通行净空与建筑界限要求。

4.4.2 应结合评估结果，针对性地提升桥涵抗洪能力、抗震能力、抗风能力、抗撞能力、抗倾覆能力、耐火隔热性能、承载能力、耐久性能等。

4.4.3 桥涵抗洪能力提升应符合下列规定：
1 提升方案应依据当地洪水历史数据、流域特点及水文变化趋势。会商水利及河道管理部门，按照各自职责采用综合治理的方式进行。
2 提升方案应综合考虑桥梁结构自身优化与流域水流疏导的结合。
3 结构自身优化提升可根据评估结果进行墩身基础包钢等加固或改造措施。
4 提升方案应与区域内其他防灾体系（如防洪堤坝、水库管理等）协调，实现整体防灾能力的提升。
5 桥梁基础提升工程措施可采用抛石防护、铺设防护层、扩大基础等被动防护措施和调治导流，也可采用护圈、挡板、墩前排桩等主动防护措施。
6 在易发生漂流物堆积的区域，设置导流墩、防护网或阻挡设施，减少漂流物对桥梁的直接冲击。
7 桥面排水能力提升可采取增设或加密排水设施等措施。
8 涵洞防洪能力提升可采用优化涵洞周围的排水设计、设置防护堤坝或墙体等措施。

条文说明

1 在汛期前应开展水毁预防养护工作，包括对防洪能力评定为弱或差的桥梁进行及时维修加固，及时联系相关部门开展河道清淤，维修或优化各类调治构造物及基础防护设施，采取隔离或防撞措施防止大量漂浮物进入桥孔，并做好抢险物资和设备的准备等。

4.4.4 桥梁抗震能力提升应符合下列规定：
1 桥墩的抗震能力应综合采用提高构件承载力和延性、提升整体性和稳定性为原则进行。
2 顺桥向抗震提升可采用设置连梁、填充缓冲材料、安装防落梁装置、设置纵向挡块；增设或更换减隔震支座、阻尼器等措施；对多孔长桥可增设抗震墩，也可通过增大截面或设置套箍提升桥墩延性。
3 横桥向抗震提升可采用设置横向挡块、增强主梁横向联系等措施。
4 桥台抗震能力提升以增强抗滑、抗倾覆及抵御台背土压力为原则，可采用增设挡墙、扶壁、斜撑、改变桥台结构等措施。

4.4.5 桥梁抗风能力的提升应根据桥位风环境、桥型、跨径等因素进行，必要时通过增设气动措施、附加阻尼措施改善或提高桥梁结构及构件的抗风性能。

4.4.6 通航水域的桥梁，桥梁防撞能力提升应符合下列规定：

1 根据桥梁所在水域的航道条件，船舶吨位、航道流量、航速等因素进行针对性提升。

2 应综合考虑主动与被动措施的统筹应用，实现多层次的防护效果。

3 防撞设施应优先采用已在工程实践中验证有效的结构形式，对于新型结构，应经过充分论证。

4 进行桥梁抗撞性能验算时，宜根据通航批复文件、防撞专题研究、批复的航道等级相对应的作用值、现行《公路桥梁抗撞设计规范》（JTG/T 3360-02）中第5.2节中的设防代表船型、海事管理部门发布的通航代表船型等确定设防撞击作用。

4.4.7 桥梁抗倾覆能力提升应符合下列规定：

1 桥梁抗倾覆能力提升应满足现行《公路钢筋混凝土及预应力混凝土桥涵设计规范》（JTG 3362）和公路独柱墩桥梁运行安全提升专项行动的要求。

2 提升工程措施可采用增设支座支承、增设盖梁、加宽或增设墩柱、支承独柱墩改为墩梁固结等。

3 提升构造措施可采用调整支座间距、更换拉压支座或增设抗拉拔装置等。

4 桥梁抗倾覆能力提升时，应一并对检查发现的与桥梁结构倾覆稳定相关的严重病害进行加固或维修，如支座脱空状态下不满足承载能力的盖梁与桥墩、存在抗倾覆能力不足的评定标度为3度以上的支座等。

5 对于一联桥中有连续三处及以上桥墩采用支座支承独柱墩的桥梁，应通过增设墩柱、加宽墩柱或改造中间墩的支座支承方案，以提升桥梁抗横向倾覆稳定的安全冗余度。

6 对于墩梁固结体系桥梁可采用增加墩身结构强度、优化墩梁固结设计等措施，以提升结构承载能力。

4.4.8 桥梁耐火隔热能力提升应符合下列规定：

1 根据桥梁的结构类型、功能，结合桥梁火灾安全风险评估，对高风险周围环境采用适合的防火措施，包括在桥涵的关键结构部位（如缆索、吊杆等）涂覆耐火材料或阻燃隔热材料，安装防火隔离带等措施。

2 存在火灾隐患的桥梁，可安装火灾监测和主动预警系统；并在桥涵附近配备适当的消防设施，如灭火器、消防栓和应急水源。

4.4.9 承载能力提升应符合下列规定：

1 桥梁承载能力提升应满足现行《公路桥梁加固设计规范》（JTG/T J22）等规范的要求。

2 应对桥涵各部件进行全面检查、检测和承载能力评估，区分可继续使用和需要更换的部件，以保证提升方案的合理性、可靠性与经济性。

3 应注意新老结构的衔接，避免因局部增强而产生新的薄弱环节。

4 上部结构承载能力提升可采用增设或替换主梁、斜拉索、吊索等构件，或采取改变结构体系、增大截面、增设预应力、粘贴钢板或型钢、粘贴纤维复合材料等措施。

5 下部结构承载能力提升可采用增设桩基、扩大基础，增大墩柱截面及增设钢套筒等措施。

6 桥梁结构应同步提升、更换达到设计使用年限或长期处于腐蚀环境下的支座、伸缩装置、阻尼器等构件，提升约束系统性能。

7 结构冗余度明显不足的老旧桥梁，可拆除重建。

4.4.10 影响承载能力和使用性能的耐久性，提升应符合下列规定：

1 应考虑桥梁所处的气候和地理环境（如湿度、温度变化、盐雾、海风、化学污染等因素），开展耐久性评估，采用适合的耐久提升方案。

2 对耐久性严重劣化的可更换构件，应选用高耐久性材料进行更换。

3 对出现混凝土内部钢筋锈蚀、裸露钢筋腐蚀以及新旧混凝土结合处，应采取抗腐蚀电化学防腐工艺，阻止和减缓钢筋锈蚀。

4 新增防腐涂装，应选用性能优异的长效防腐涂装体系。

5 优化桥梁的防排水系统，确保雨水和雪水能够有效排出，减少水分对桥梁结构的腐蚀影响。

6 山区桥梁墩柱可采用外包钢护筒、超高性能混凝土防护套管作为桥墩防撞击磨蚀、安装单元式防撞耗能装置等防护措施，以提高其耐磨蚀性能。

4.4.11 积极采用经验证的高性能混凝土、轻质高强材料、防落梁等新型产品等；在路基改桥、桥梁整体加高、体系转换等应积极总结和应用新工法和工艺，提升改建工程的质量和效率。

4.5 隧道

4.5.1 隧道安全韧性提升应遵循下列原则：

1 隧道安全韧性应重点提升结构承载、洞口防洪抗灾、抗突涌水、抗震、抗火、交通运行保障及耐久性等方面的能力。

2 隧道安全韧性提升应结合隧道结构与设施性能、环境条件、运营养护及监测预警预报情况开展，对隧道主体及附属工程的安全韧性进行综合提升。

3 水位、海或河床、荷载等建设条件发生较大变化的水下隧道，应开展专项评估并进行相应的技术提升。

条文说明

海洋环境中的氯离子含量高，强腐蚀性会导致钢筋和混凝土的耐久性降低，从而影响隧道结构使用寿命和整体安全性。因而，海底隧道要重点开展结构耐久性等专项评估，并进行相应的技术提升。

4.5.2 应结合评估结果，针对性地提升隧道承载能力、耐久性、防洪抗灾能力、抗突涌水能力、抗震能力、抗火能力、隧道交通运行保障能力等。

4.5.3 隧道承载能力提升应符合下列规定：
1 应满足现行《公路隧道加固技术规范》(JTG/T 5440)等规范的要求。
2 特殊地质条件下结构承载能力提升，可采取衬砌置换、增设仰拱或套拱、锚杆或钢管注浆加固等措施。
3 冲刷等导致衬砌结构承载能力降低时，可采取局部拆除后重新浇筑衬砌、注浆充填、衬砌结构补强等措施。
4 高水压条件下结构承载能力提升，可采取增设复合内衬结构、增设泄水洞、增改防排水设施、注浆堵水等措施。
5 地基基础及下部结构承载能力提升，可采取更换仰拱、后注浆等措施，水下隧道应经专项评估后选用相应处理措施。

4.5.4 隧道洞口防洪抗灾能力提升应符合下列规定：
1 洞口防洪抗灾能力提升应包括洞口排水、防洪，以及洞口滑坡、崩塌、泥石流等地质灾害防控。
2 应根据隧道洞口排水系统状况、隧址区暴雨强度、汇水面积等因素，核定极端异常气候条件下隧道洞口排水系统，提升隧道洞口综合防洪排水能力。
3 洞口地质灾害防控能力提升应根据洞口边仰坡体地质病害原因、潜在破坏程度、地质和环境条件，可综合选择清方、坡体锚固、坡面防护、支挡、接长明洞等处治措施。

4.5.5 隧道抗突涌水能力提升应符合下列规定：
1 抗突涌水能力提升主要针对大型岩溶或采空区隧道、富水断裂破碎带隧道、水下隧道(含下穿水库)等。
2 衬砌背后空洞、周边岩溶或采空区为地下水水源补给源或补给通道时，应采取注浆填充封闭隧道地下水补给通道或增设泄水洞等措施消除水源补给。
3 防排水系统功能失效或部分丧失且不能修复时，可对防排水构造关键部位进行部分或全部改建。
4 水下隧道应重点核查评估结构不均匀沉降、结构及接头变形、错台与渗漏水等情况，可采取增设接头限位受力构件、增设冗余性更大的防水构造等措施，提高抗突涌水能力。

4.5.6 隧道抗震能力提升应符合下列规定：

1 抗震能力提升主要针对处于地震动峰值加速度系数大于或等于 $0.1g$ 地区的隧道。

2 抗震能力提升应满足现行《公路隧道抗震设计规范》（JTG 2232）的要求，采取以加固为主的抗震措施。

3 山岭区隧道应对洞口洞门、活动或大型断裂破碎带、软硬地层及结构形式突变段，以及在地震工况下危及隧道安全的岩堆、滑坡、泥石流等不良地质段，进行抗震能力提升。

4 盾构隧道应对盾构工作井、横通道连接处及不良地质段等特殊部位进行抗震能力提升，可采取局部增设二次衬砌、地层加固等措施。

5 沉管隧道应对沉管接头、陆域与水域变化段、软基及砂土液化段等特殊部位进行抗震能力提升，可采取增设接头限位装置、减载或加固地基等措施。

4.5.7 隧道抗火能力提升符合下列规定：

1 隧道抗火能力提升可采取增设防火板或防火涂料等措施。

2 隧道抗火能力提升应结合交通运行保障能力中监控、通风排烟、消防灭火等措施统筹开展。

4.5.8 影响承载能力和使用性能的耐久性提升应符合下列规定：

1 耐久性提升前应对隧道结构存在的裂缝、缺损等病害进行修复。

2 耐久性提升可结合采用硅烷浸渍、水泥基渗透结晶型等材料和牺牲阳极等工艺，加强耐久性防护效果。

3 海底隧道应根据耐久性专项评估结论采取相应的提升措施。

4.5.9 交通运行保障能力提升应符合下列规定：

1 应结合车流量、车型组成等，按照现行规范核查隧道交通安全设施现状、照明设施配置及现状路面亮度指标、通风设施配置和运行情况、隧道消防设施配置和使用情况、监控设施配置情况等，经评估不满足安全韧性要求时应进行提升。

2 隧道交通运行监测、通风控制、照明控制、消防控制、结构监测各设施之间的联动应符合隧道应急要求。

条文说明

各项公路隧道交通工程与附属设施需要按照现行《公路隧道设计规范》（JTG 2232）规定的特征年交通量进行核查，交通量按照《公路隧道提质升级行动技术指南》确定。

4.5.10 隧道安全韧性提升应结合建设条件，针对平层砂岩、岩溶、水下等具体情况积极采用经过论证过的建造工法，采用长寿面沥青路面设计和建造技术等，做好防排水设计，可结合实际情况经分析论证后进行其他能力提升，并采取针对性具体措施。

4.6 路线交叉

4.6.1 路线交叉安全韧性提升应遵循下列原则：

1 路线交叉韧性提升主要针对高速公路互通式立交。分离式立交及通道、天桥的韧性提升要求，详见本指南第 4.4 节桥涵。

2 应优化交通组织，减少交通冲突点，提高路线交叉的通行能力和效率。

3 公路互通式立交韧性提升，应适应交通需求的发展，并与其他交通设施相协调。

4 公路互通式立交韧性提升，应充分收集既有互通立交设计资料、竣工验收资料及运营资料，以及交通事故数据，认真分析互通技术状态，合理制定韧性提升方案。

5 公路互通式立交韧性提升，应以交通安全设施提升改造为主，通行安全高风险或通行能力不足时可进行主体改造。

4.6.2 针对两个间净距小于现行规范且交通事故频发或通行能力不足的互通，可通过增设辅助车道、集散车道等方式提升通行安全能力；必要时经论证后，可通过调整匝道出入口位置、形式等方式消除安全隐患。

4.6.3 针对出入口交通组织复杂或出入口指标较低且交通事故频发的互通，合理采用优化出入口通行条件、延长变速车道、归并间距较小的连续出口、加强交通安全设施设置等措施。

4.6.4 针对部分出入口视距不良易发交通事故的互通，可通过调整、优化出入口视距条件，加强标志标线提醒措施，优化出入口位置和布局等方式。

4.6.5 针对互通入口位于结构物后识别视距不足，或由于前方信息复杂、指示不明等易造成误行的互通，可通过优化出入口条件，优化交安标志标线等方式辅助驾驶者提前做出判断。

4.6.6 针对部分匝道通行能力与交通量不匹配，拥堵严重或交通事故频发的互通，可通过改善入口条件、增加匝道断面或改建匝道等方式。

4.6.7 部分匝道因下穿主线(或匝道)高程低于周围地形排水不畅,或互通区域排水不畅导致互通区内积水,给互通路基、路面造成安全隐患的,可通过优化、梳理排水系统、增设涵洞、排水沟或调整匝道纵断等方式,优化互通区内排水。

4.7 交通工程及沿线设施

4.7.1 交通工程及沿线设施安全韧性提升应遵循下列原则:
1 应根据主体工程提升方案及公路现状、交通量和交通组成、运行速度、气象环境因素、历史事故致因等,科学确定安全韧性提升目标。
2 提升工程的交通工程及沿线设施技术指标应满足现行规范要求,对存在明确重大风险的路段,应采取综合措施提升安全韧性。
3 提升工程应在对公路现状设施开展调查与安全性评价的基础上,结合主体工程提升方案进行。

4.7.2 交通安全设施韧性提升应满足下列要求:
1 交通安全设施选型应充分考虑恶劣天气条件下的性能保持以及突发事件时的快速响应和易于恢复。
2 交通标志和标线应综合设计,重点考虑互通式立交间距小于5km的路段,整体考虑视认效果。标线应根据主体工程提升后的交通组织设计重新梳理和优化。
3 护栏提升改造应综合考虑护栏防护等级与形式、既有护栏利用等因素,选择合理的提升方案。
4 桥梁护栏提升改造可按《提升公路桥梁安全防护能力专项行动技术指南》进行设计。

4.7.3 在灾害风险区域,可适当配置不依赖公共移动通信网络的无线通信设施、适当配置不依赖于外部电网的移动发电设施,提升灾后通信、电力支撑保障能力。

4.7.4 护栏、标志等交通安全设施宜积极采用施工速度快、性价比高、防护性能好且经过验证的新产品。

4.8 结构监测工程

4.8.1 因水文地质等外部环境发生重大变化、受自然环境严重侵蚀的边坡、桥梁、隧道等关键基础设施应开展监测工作。在高盐、高湿、酸碱环境、冻融作用以及水流侵蚀等不利因素作用下,导致主体结构严重劣化的桥隧结构物,应在结构监测基础上,增加耐久性监测。

4.8.2 针对高速公路与普通国省干线公路的长大桥梁、长大隧道、桥梁群、隧道群等开展结构监测时，应按进一步推进公路桥梁隧道结构监测工作实施方案的要求开展实施。

4.8.3 针对全国自然灾害综合风险公路承灾体普查、公路灾害风险隐患排查中一级、二级灾害风险点与其他风险较高的高速公路、普通国省干线公路的边坡开展监测时，应按全国公路边坡监测工作实施方案的要求开展实施。

5 制度体系提升

5.1 一般规定

5.1.1 公路安全韧性制度体系提升应以构建全链条公路安全韧性提升长效机制为统领，以加快补齐制度体系方面的短板弱项，发挥管理措施叠加效应，健全覆盖全面、运转有序、高效协同的公路管理工作机制，完善公路重大灾害风险防控体系为目标。

5.1.2 公路安全韧性制度体系提升应以聚焦问题、突出重点、健全机制、完善体系为原则。

5.1.3 应制定公路安全韧性制度体系提升方案。提升方案应明确具体任务、提升内容、各任务实施方案、时间计划及保障措施。

5.1.4 公路安全韧性制度体系提升应包括制度保障、联动机制、抗灾准备、预防应对、应急响应等内容。

5.1.5 公路安全韧性制度体系提升应符合现行法律法规、标准规范、相关规范性文件以及公路安全韧性提升行动相关要求。

5.1.6 实施公路安全韧性制度体系提升后，应通过重新评估、实战演练或实际灾损事件、恶劣天气应对等方式，检验制度体系提升效果。

5.2 制度保障

5.2.1 应根据安全韧性提升后的公路基础设施日常养护、安全管理与应急需要，制修订与之相匹配的管理制度。

5.2.2 应根据部、省相关要求，从公路规划、勘察设计、施工管理、养护管理、运营管理等方面制定落实公路安全韧性提升长效机制的具体措施，并符合下列规定：
　　1 应强化对复杂地质条件、气象及水文分布变化等高风险区域研判，做好多通道布局论证和多走廊比选。

2 应加强对滑坡、崩塌、泥石流等不良地质路段和临河、陡坡路基路段勘察和综合评估，根据水文、地质条件和发生灾害的概率、规模，按避让、跨越、治理的原则确定处治措施，并开展路线方案、路(桥、隧)设计方案、不同处治方案综合比选。

3 应强化施工进场复核制度，规范变更审查程序，加强涉水桥梁、不良地质隧道、路基高边坡路段、半填半挖路段、防护排水工程等特殊路段、特殊路基施工质量管理。

5.3 联动机制

5.3.1 应根据属地交通运输主管部门与气象部门建立的气象会商机制要求，制定落实会商机制具体举措，加强气象会商研判，共同做好公路灾害天气及次生灾害防范应对工作。

5.3.2 应根据属地交通运输主管部门与公安交管部门建立的分级分类管控机制要求，推动构建资源共享共用、信息互联互通、人员联勤联动的工作模式，制定落实公路管控机制具体举措，并应符合下列规定：

1 应按照"一路一策"原则，综合考虑临江临河、高填深挖、降雨强度、桥下水位等因素，以路段为单位，确定分级分类管控阈值，并定期动态调整完善。

2 应根据路段管控阈值，会商所辖路段公安交管部门，采取封闭管控、分时段关停、夜间关闭、限速限流等分级分类管控措施。

3 应及时发布突发事件预警信息，确定绕行分流路线，做好出行信息发布，引导公众合理安排出行。

5.3.3 应与相邻路段、上级单位、行业主管部门建立路网运行调度机制，并应符合下列规定：

1 应对所辖国家高速公路主通道、跨江跨海桥隧、重要区域以及重要旅游景区、灾害风险隐患路段或点位，加强路网运行监测和制度调度。

2 应针对路网运行、长大桥隧、桥隧群、风险边坡等关键监测信息开展数据融合、分析和预警，提升公路监测预警和应急处置能力。

3 灾害影响区域出现严重拥堵或大范围车辆滞留的，应及时上报，并落实上级单位、行业主管部门路网运行调度指令。

5.4 抗灾准备

5.4.1 应根据公路灾损事件和恶劣天气类型、特点和应急处置需要，健全突发事件应急预案体系，针对性完善、补充编制突发事件专项应急预案或应急工作手册，并及时修订。

5.4.2 宜统筹考虑公路所在区域自然灾害类型、分布、影响程度以及已有应急装备物资仓储设施分布，按照交通运输主管部门相关规划或规范要求，完善应急储备中心、应急物资仓库或应急物资储备点规划布局。

5.4.3 应根据公路灾损事件和恶劣天气应急处置需求，按照"平急结合、通专相济、实物储备与协议储备相结合"的原则，结合现有储备情况，选择适灾、先进、专业的应急装备物资。

条文说明

"平急结合"指立足预防与应急相结合，常态与非常态相结合，以应对重特大公路突发事件为主，确保平时备得足、管得住、储得好，关键时刻拿得出、调得快、用得上。

"通专相济"指兼顾通用装备物资和专用装备物资。

5.4.4 应针对公路灾损事件和恶劣天气应急处置需求，组建专(兼)职应急抢通救援队伍，并组织应急抢通救援技能培训。

5.4.5 应每年针对公路灾损事件和恶劣天气，组织开展应急演练。应急演练应以实战演练为主。

5.4.6 应根据应急能力评估、应急演练评估以及灾损事件应急处置评估中发现的不足、薄弱环节，针对性完善抗灾准备。

5.5 预防应对

5.5.1 应建立健全公路安全风险分级管控制度，组织常态化开展养护巡查和自然灾害风险排查，形成风险管理台账，并针对性编制养护规划和年度计划，分类分级开展自然灾害风险点处治。

5.5.2 应建立健全公路安全事故隐患排查治理制度，落实各岗位责任，组织开展常态化隐患排查，形成事故隐患管理台账，及时采取技术、管理措施予以消除。对不能及时消除的重大事故隐患，应当采取管控措施，做到应停尽停、应关尽关、应撤尽撤，严防次生灾害发生。

5.5.3 应及时获取路网运行、长大桥隧、隧道群、风险边坡等关键监测信息，以及气象、地震、水利、自然资源等部门灾害预报预警信息，开展数据融合和分析研判，及时采取相关防御措施，并将道路路况信息、气象与灾害预警提示信息、行车安全提示信息等向道路使用者发布。

5.6 应急响应

5.6.1 应建立健全公路突发险情巡查监测制度，实施"人工＋视频"监测巡查。降水集中时期、夜间等重点时段宜加大巡查力度、加密巡查频次。

5.6.2 宜应用监测预警新技术、新装备，提升公路突发险情自动感知能力，及时发现公路各类突发险情。

5.6.3 宜强化公路突发险情预警干预，针对排查出的高风险路段或灾损路段，加强对途经车辆驾驶人的安全警示提醒。

5.6.4 应针对排查出的高风险路段，制定人员、应急装备物资配置方案，并应根据灾害、恶劣天气预警信息，提前前置备勤，及时开展公路突发险情应对处置工作。

5.6.5 应根据灾损公路状况和应急抢通目标，制定应急抢修技术方案，并应按照"先抢通、后修复"的原则安排施工作业。短期内无法应急抢通的，应制定绕行方案。

6 建设质量控制

6.1 一般规定

6.1.1 安全韧性提升工程建设应按照国家有关基本建设程序，做好施工前的准备工作及技术交底，编制实施性施工组织设计，制定必要的施工工艺细则，采取有效措施，确保提升质量。

6.1.2 应加强涉水桥梁、不良地质隧道、路基高边坡路段、半填半挖路段、防护排水工程等特殊路段、特殊路基施工质量管理工作。

6.1.3 安全韧性提升工程建设质量应满足现行《公路沥青路面施工技术规范》（JTG F40）、《公路路基施工技术规范》（JTG/T 3610）、《公路桥涵施工技术规范》（JTG/T 3650）、《公路桥梁加固施工技术规范》（JTG/T J23）、《公路隧道施工技术规范》（JTG/T 3660）、《公路交通安全设施施工技术规范》（JTG/T 3671）、《高速公路改扩建交通组织设计规范》（JTG/T 3392）等行业相关标准规范的要求。

6.1.4 建设过程中宜积极实施智慧工地、智慧梁场、智能建造等工艺工法和技术，提升数字化建设水平。

6.2 建管养一体化要求

6.2.1 安全韧性提升工程应坚持建管养一张网，在工程建设、管理、养护全寿命周期中，以数据资源为关键要素，通过信息化、数字化等手段，实现数据的贯穿管理及应用。

条文说明

根据《交通运输部关于推进公路数字化转型加快智慧公路建设发展的意见》（交公路发〔2023〕131号），到2027年，公路数字化转型取得明显进展。构建公路设计、施工、养护、运营等"一套模型、一套数据"，基本实现全生命期数字化；到2035年，全面实现公路数字化转型，建成安全、便捷、高效、绿色、经济的实体公路和数字孪生公路两个体系。

6.2.2 建管养一体化工作应建立建管养协调运作的机制、制定养护规划和数据标准、引入信息化和智能化手段等。

6.2.3 成立"建管养一体化"联合工作组，明确各部门的职能划分和工作流程，完善各项管理制度和标准，增强公路建设和养护管理工作的协调性和一致性。

条文说明

建议养护人员提前介入提升设计阶段，按照高速公路养护的需求，对设计方案提出合理化建议，进一步提升设计针对性；同时加强对管理人员的培训和质量监督，确保公路建管养一体化工作的顺利进行。

6.2.4 养护手册、养护规划等应于建设期同步编制，明确不同阶段的养护责任主体和养护内容，明确结构物和机电设施的维护要求。

6.2.5 建立健全公路数字化标准体系，支撑公路全生命期"一模到底"和数字公路"一张图"建设，促进建设、管理、养护、运行、服务等环节数据流通共享，保障公路数字化设施与公路基础设施同步建设、一体运营、一体养护。

条文说明

信息化管理是建管养一体化管理的重要组成部分，积极推动建管养阶段的信息化、数字化融合，构筑建管养一体化数据标准以及数字算法模型。

加强公路全生命期数字化统筹，构建可实现设计、施工、项目管理数据传递的一套全生命期模型；推广公路数字化勘测，积极应用无人机激光雷达测绘、倾斜摄影、高分遥感、北斗定位等信息采集手段，加强数据信息集成管理，优化勘察测绘流程；推进公路数字化设计；推动公路智能建造和智慧工地建设；实施重大工程数字化监管；依托建设期信息数据、历史数据等提升公路养护管理数字化水平。

6.2.6 鼓励在项目全生命周期协同应用BIM（建筑信息模型）、GIS（地理信息系统）等技术，采取数字化交付，促进公路安全韧性提升。

条文说明

促进形成全寿命周期、全专业的数据互通，包括建管养不同阶段数据的纵向贯通，以及路面、桥梁、隧道、交安等设施等各专业数据。

7 验收

7.0.1 安全韧性提升工程的质量检验和验收应满足《公路工程质量检验评定标准》（JTG F80）、《公路养护工程质量检验评定标准》（JTG 5220）、《公路工程竣（交）工验收办法》、《公路工程交竣工验收办法实施细则》等的要求，并应符合国家和行业相关标准的规定。

7.0.2 安全韧性提升工程结束后，应根据第3章的方法进行提升后的安全韧性评估，系统分析量化工程措施和管理措施取得的成效，指导验收工作，确保取得实效，并编制评估报告、提出改进建议。

条文说明

验收阶段的安全韧性评估，应在项目主体施工完成后、交工前完成。

7.0.3 安全韧性提升效果应满足第3.4.4条的要求。

条文说明

安全韧性提升效果宜进行长期跟踪、及时总结、反哺行业。

安全韧性提升后仍需常态化开展养护巡查和自然灾害风险排查；加强路网运行监测和指挥调度，强化恶劣天气条件下公路保通保畅能力；及时发布突发事件预警信息，引导公众合理安排出行。

附录 A 安全韧性评估、工可及设计取费

A.0.1 安全韧性评估取费，符合下列规定：

评估取费按照项目所属类别、所在区域、建设规模、桥隧比、地形环境、风险类型、风险点数量等多因素综合考虑。

评估取费公式为：基本费用×多因素调整系数。

(1)基本费用(表 A.0.1)。

表 A.0.1 基本费用表(单位：万)

项目类型	区域		
	东部	中部	西部
第一类项目	45	50	55
第二类项目	55	60	65

其中第一类项目为：水文地质等外部环境发生重大变化且建设年代较早的高速公路；水文地质等外部环境发生重大变化且建设年代较早的普通国道；沿边地区普通国道。

第二类项目为：受自然环境严重侵蚀且建设年代较早的跨江跨海跨峡谷通道。

东部、中部、西部按照《交通运输领域重点项目资金管理办法》的省份进行划分。

(2)多因素调整系数。

建设规模系数：主要考虑里程长度和投资估算额，每公里投资小于500万元时取1.0，500~2 000万元时取1.0~1.4，不小于2 000万元时取1.4。

桥隧比系数：桥隧比小于0.25时取1.0，0.25~0.5时取1.0~1.2，不小于0.5时取1.2。

地形环境系数：以地形复杂多样的山区或跨江跨海跨峡谷为主时取1.2，以地形起伏和缓的丘陵为主时取1.1，以地势平坦的平原为主时取1.0。

风险类型系数：崩塌、滑坡、泥石流、湿陷性黄土、盐渍土、膨胀土、软土路基、临河路基等不良地质路段风险点占比超过50%，或存在多种水文地质条件变化、自然环境侵蚀等风险时，取1.3；不良地质路段风险点占比在20%~50%之间，或水文地质条件变化、自然环境侵蚀相对较小时，取1.1~1.3；其余情况取1.1(风险点指本指南第3章中，纳入评估对象的单体工程数量，下同)。

风险点数量系数：数量小于50个时取1.0，50~300个时取1.0~1.3，不小于300个时取1.3。公路承载体普查为Ⅰ、Ⅱ级的风险点，对应的数量按双倍计。

A.0.2 安全韧性工可取费，符合下列规定：

工可取费以《国家计委关于印发建设项目前期工作咨询收费暂行规定的通知》计价格〔1999〕1283号为参考，考虑到该收费规定实施年代较早，行业调整系数建议取1.0；工程复杂程度调整系数根据估算投资额和工程复杂程度取值，估算投资额在1亿时取2.0，10亿时取1.2，在1亿~10亿之间时进行内插，其余情况采用外插法计算，且不小于1.2。

条文说明

在《公路工程建设项目投资估算编制办法》(JTG 3820—2018)中尽管规定了前期费用的取费比例，但并未规定其中工程可行性研究报告的编制费用。而《国家计委关于印发建设项目前期工作咨询收费暂行规定的通知》(计价格〔1999〕1283号)虽然已经取消，但现阶段仍有项目取费时以此为参考。因此安全韧性工可阶段取费也借鉴该规定的收费基价和计算方式，并结合国家经济发展和行业发展实际情况进行系数的调整。

A.0.3 安全韧性设计取费，符合下列规定：

设计取费根据安全韧性提升的要求，结合项目所属类别、建设规模、桥隧比、地形环境、风险类型、风险点数量、数字化交付形式等多因素综合考虑。

设计取费公式为：基本设计费 + 安全韧性基本设计费 × 多因素系数。

(1)基本设计费。

取《工程勘察设计收费标准》(2002年修订本)计算的改建设计费的80%。

(2)安全韧性基本设计费。

取《工程勘察设计收费标准》(2002年修订本)计算的改建设计费的20%。

(3)多因素系数。

建设规模系数、桥隧比系数、地形环境系数、风险类型系数、风险点数量系数均与安全韧性评估费用计算系数相同；并根据建管养一体化的要求增加数字化交付系数。

数字化交付系数：采用数字化交付，并能在建管养一体化中传递数据信息的，取1.1。

条文说明

在《公路工程建设项目概算预算编制办法》(JTG 3830—2018)中尽管规定了前期费用的取费比例，但并未规定其中的设计费用。而《工程勘察设计收费标准》(2002年修订本)虽然已经取消，且已推广实施市场调节价，但现阶段仍有一些改扩建设计项目和运维养护期设计项目取费时以此为参考。因此安全韧性设计阶段取费也以此为基础，并结合公路安全韧性提升项目要求及提升设计的特点难点，提出了安全韧性设计取费方法。

A.0.4 以上取费均未包括勘察(如特定情况下的补充地勘、补充检测等)、专题研究等费用。

附录 B　可借鉴推广的做法清单

表 B　可借鉴推广的做法清单

序号	工法/技术名称	内容简介/适用范围	领域	已应用工程
1	智慧梁场	智慧梁场配备指挥大屏与智能监控设备，实时同步生产进度、设备状态、环境参数及人员定位信息，覆盖智能张拉、压浆、喷淋养护等关键工序，实现全流程数据闭环。实施出入口搭建人车分行系统；场区配备高清摄像头+智能语音系统；安装温湿度传感器+智能控制柜，实时混凝土自动调节养护；异常情况自动报警；使用智能张拉、压浆系统；安装 RFID 定位基站实现生产工序自动跟踪、工效分析、工期预警等	建造	黄茅海、马东铁等多个项目应用
2	智慧制造	"3D 打印式"生产百吨 T 梁，每一片梁都运用了"3D 打印式"生产工艺，覆盖了钢筋安装到成品运输的每一个环节，设置了智慧梁场，包括工地试验室、信息控制中心、智慧混凝土配送中心等，实现制梁工艺"标准化、工厂化、自动化、信息化、数字化"	建造	京港澳高速公路改扩建等工程
3	环形梁场	环形生产区设置蒸汽养护系统，低型新能源移动台座等，目的为加快施工速度，提高预制构件前期强度及弹性模量，压缩张拉龄期，缩短移动台座周转时间。移动台座采用新能源电池驱动方式，节约成本；节能式蒸养箱压缩蒸养空间，节省梁蒸养过程中燃料费用，用太阳能与空气能结合方式用于高温蒸养箱加热，达到节能环保效果	建造	清花高速公路等项目应用
4	公路小型预制构件全自动化流水生产线	集混凝土取样和输送、精准布料、振动成型、自动上下架、分仓蒸养、翻转振动脱模及机器人码垛等功能为一体的公路小型预制构件全自动化流水生产线，极大的解放劳动力，改善作业环境，显著提升构件品质	建造	深汕西高速公路改扩建等项目
5	公路工程用机制砂混凝土性能调控及智能化生产	天然砂资源极度匮乏区域，针对机制砂在混凝土应用过程中出现的机制砂的颗粒粒形差、石粉含量控制要求高、泥量与石粉含量波动、以及岩性差异易引起混凝土质量波动等问题，进行基于性能要求的机制砂混凝土材料性能调控	建造	江玉高速公路等
6	高海拔大温差地区耐紫外老化沥青材料	适应高寒、高海拔、极大温差地区沥青路面的紫外吸收剂-有机蒙脱土和紫外吸收剂-LDHs 两种复配改性剂，研制了适应高寒高海拔地区的抗紫外老化改性沥青及混合料，提出了适应高寒、高海拔、极大温差气候特征的复配抗紫外老化沥青路面干法施工工艺与质量控制技术	路基路面	西藏国道 219 线新改建公路等工程

续表 B

序号	工法/技术名称	内容简介/适用范围	领域	已应用工程
7	高速公路下伏多层采空区稳定性评价及治理	采用水泥、粉煤灰和水玻璃为原料研发了新型注浆材料，模袋法帷幕注浆加固成套技术及工艺方法并研制了一种多层采空区往复驱动结构注浆设备，对采空区进行连续高效注浆	路基路面	济潍高速公路等项目
8	公路黄土路基灾变机理与预应力锚索桩板墙结构控制	在路基本体内设置竖向增强体控制细粒土高路堤工后沉降的路堤结构，采用加固路基边坡的预应力锚索桩板墙结构，形成黄土路基水毁病害防治、下伏窑洞黄土路基评价与处治、黄土高填路堤沉降控制、高速公路黄土滑坡灾变机理及稳定控制技术	路基路面	河南灵卢、焦郑、陕西吴华、山西临大等多条高速公路
9	重载交通下抗疲劳沥青混合料振动压实配合比设计及施工	从沥青路面材料适应性研究、沥青混合料垂直振动压实方法研究、高模量抗疲劳沥青混合料材料及配合比优化研究等方面开展了系统的研究工作，形成了一套重载交通下抗疲劳沥青混合料振动压实配合比设计方法及施工技术研究，提高沥青路面高温性能和抗疲劳性能	路基路面	山西省国省道路面改造等工程
10	水稳基层全宽超厚一次摊铺成型施工技术	通过采用大断面摊铺机摊铺，前挡板下方加装上下可调的前导板，其下部用弹性橡胶板，左右各加装一组可调反向螺旋叶片，实现对离析的控制和提高了摊铺质量，有效地解决了基层层间黏结问题，提高了基层整体性	路基路面	临夏至大河家高速公路等
11	大跨径悬索桥缆索系统全寿命周期腐蚀与防护关键技术	提出了主缆内部空气流动的比摩阻、主缆漏风率、主缆最佳送风模式等关键参数的设计方法；形成了在役悬索桥主缆增设除湿系统、索夹螺杆检测补张等成套技术	桥梁	虎门大桥等
12	跨海大桥桥墩冲刷防护技术	围绕跨海大桥桥墩冲刷防护的关键技术问题和依托工程现场施工需求，提出跨海大桥桥墩局部冲刷的预测方法；从主动防护和被动防护两种不同的防护理念出发，对不同防护方案进行研究分析，提出跨海大桥桥墩冲刷的防护技术体系与装备	桥梁	东海大桥等
13	正交异性钢桥面板U肋内焊关键技术与智能装备	围绕正交异性钢桥面板U肋疲劳问题与裂缝处治关键技术，旨在解决钢结构桥梁桥面板疲劳性能提升的需求，开发了内焊补强加固技术，研发了多节段可弯曲插接式模块化的U肋内部仰位焊接作业平台，构建了在役U肋自动化仰位内焊系统，形成了成套的焊接设备和工艺工法，解决了在役U肋狭小封闭空间内的仰位增补内焊难题	桥梁	虎门悬索桥钢箱梁试验段；湖北省沌口长江公路大桥工程跨汉洪高速钢箱梁等
14	高速公路既有桥梁整体加高施工工法	采用"绳锯切割＋精准调运＋抱箍墩柱加高"施工技术，先吊离上部预制箱梁，用绳锯切除耳背墙及盖梁混凝土，采用环切法原理保留肋板及墩柱竖向搭接钢筋，重新施工肋板及立柱至新设计高度，重新安装预制箱梁	桥梁	鹤壁至辉县高速公路复工等工程
15	高速公路复工工程桥梁梁板翼缘加宽施工技术	针对桥梁翼缘板加宽施工，模板的加固和安装没有定型设备可用，而且不同桥梁梁板尺寸不同，加宽宽度、边板厚度、变截面坡度均不同，该悬挂系统采用工字钢和精轧螺纹进行制作，能灵活调节宽度、厚度、角度，满足不同梁板的加宽要求，且安全可靠，拆装方便	桥梁	鹤壁至辉县高速公路复工等工程

续表 B

序号	工法/技术名称	内容简介/适用范围	领域	已应用工程
16	大跨度连续箱梁桥改变结构体系技术	针对目前常规桥梁加固方案用于大跨度预应力混凝土连续梁桥技术改造、大幅度提高其承载力方面还存在一定缺陷和不足这一情况，以大跨度预应力混凝土连续梁桥为研究对象，对连续梁变自锚悬索、自平衡拱、矮塔斜拉、自平衡钢桁架张弦梁等 5 种不同变体系加固方案进行研究	桥梁	山西省风陵渡黄河公路特大桥加固等工程
17	大跨混凝土箱梁桥转换结构体系加固及整跨拆除技术	针对大跨混凝土箱梁桥改变结构体系加固及整跨拆除技术，提出成套的适用于大跨混凝土连续箱梁桥改变结构体系加固（包括斜拉加固体系和中跨置换钢梁加固体系）及整跨拆除（包括整跨箱梁下放和平移拆除体系）应用技术	桥梁	东明黄河公路大桥加固等工程
18	既有高速公路路基改桥梁桩基墩柱一体施工工法	将桥墩变更结构形式，改为桩接盖梁的结构形式，形成"既有高速公路路基改桥梁桩基墩柱一体施工工法"，该工法可以大大降低施工难度，节约工期和造价，减少对高速运营安全的影响，降低通行损失	桥梁	长春经济圈环线高速公路农安至九台段、双阳至伊通段等
19	绿色生态超高性能混凝土	开发的有机-无机复合降黏技术和物理-化学复合减缩调控技术，解决了 UHPC 黏度大、水化热高、收缩大的技术难题；研制出的绿色化 UHPC 结构及工业化建造成套技术，包括国内首套 UHPC 桥面板智能化生产线与成套装备、UHPC 系列化产品及连接构造、预混料生产线、桥面铺装一体化智能施工装备、大体积浇筑施工工艺、国内首套 UHPC 专用湿喷机，上述装备与技术极大地促进了 UHPC 的产业化进程，实现了 UHPC 结构绿色化、快速化建造	桥梁	中马友谊大桥、福厦高铁、南京五桥、济南凤凰黄河大桥等
20	桥梁用高强轻骨料混凝土	解决了高性能轻骨料难以稳定量产，现行标准不能直接指导 LC60 以上轻骨料混凝土配制，高强轻骨料混凝土工作性及匀质性难以协同保障、材料特性不明确、无适用的结构设计方法等难题	桥梁	山东泥美环保利用市政污泥年产 5 万 m³ 轻骨料等项目
21	应急抢通保通智能化组装桥梁	相较于传统组装桥梁，在抗弯强度不变的情况下，重量下降 40%，可实现 2～3 人人工快速运输与架设；中小桥单孔架设时长≤1h。组装桥梁可满足 30t 车辆通行	桥梁工程	烟台龙口市 S304 应急处治工程
22	隧道混凝土路面基层整幅施工技术	提出隧道混凝土路面基层全幅机械化施工工艺，采用悬挂式桁架分体辊轴摊铺及排式振捣进行隧道混凝土路面基层整幅施工方法，实现路面基层全幅一次性浇筑成型，有效控制隧道混凝土路面的标高及平整度，减少混凝土质量通病的发生，保证了工程质量	隧道	都香高速公路守望至红山段茨院隧道及广州从化至清远连州高速公路元墩隧道等
23	新型电缆沟盖板	电缆沟盖板采用活性粉末混凝土（RPC）材料可将厚度减薄至 25mm，相较传统混凝土预制盖板更轻便，易于后期养护	隧道	云凤高速公路项目等
24	平层砂岩隧道改扩建施工技术	采用"光面爆破+机械破碎"的原位扩挖施工技术，揭示平层砂岩直墙拱形和矩形断面隧道原位扩挖变形与应力扰动规律，适用于平层砂岩隧道的施工建造	隧道	陕西省黄龙山景区改扩建隧道等工程
25	岩溶隧道排水结晶治理研究	研发具有除垢有效性和环境友好性、对隧道排水系统及其周边的隧道衬砌结构工程安全可靠的阻垢剂，提出一种采用反渗透技术的水冲法的全新的阻垢除垢系统解决方案，解决隧道排水管等被结晶体堵塞等的现象	隧道	中交玉石高速公路长塘隧道等

续表 B

序号	工法/技术名称	内容简介/适用范围	领域	已应用工程
26	沉管隧道长寿命沥青路面建造技术	开发适用于海底沉管隧道沥青路面中面层的抗疲劳高模量沥青混合料和适用于寒冷地区海底隧道敞开段的低冰点缓释型抗凝冰沥青混合料；创新了海底隧道长寿命沥青路面精准智能摊铺和智能压实的关键技术，实现了寒冷地区海底沉管隧道长寿命沥青路面设计、材料和施工技术的突破	隧道	大连湾海底隧道等
27	含硬石膏碳酸盐隧道灾害防治关键技术	针对隧道硬石膏岩膨胀、混凝土腐蚀等问题，明确了隧道膨胀侵蚀灾害机理机制，提出围岩与支护结构协同控制、混凝土安全耐久设计等技术方法，有效解决了硬石膏岩隧道膨胀侵蚀问题	隧道	山西长平高速公路杜公岭隧道，南吕梁山隧道等
28	特大型溶洞内公路隧道安全建造与灾害智能预警	形成叠合梁变刚度支护结构，采用桥梁+隧道的溶洞内跨越建造技术，形成"两桥拼装结构"，自重轻、受力简单明确，极大地提升了溶洞内隧道结构的稳定性和安全性；采用机器学习理论和物联网技术，形成具有高集成度与高可用度的自动化监测分析及预测预警系统平台	隧道	湖北宣鹤高速公路太平隧道、雷家坪隧道等工程
29	低变量钢护栏	为中分带立柱、ETC门架等障碍物防护设计，符合SAm级防撞标准（JTG/T D81—2017）。碰撞后车辆最大动态外倾当量值（VIn）均低于传统混凝土护栏；支持预制拼装，适用于中分带狭窄路段，无须过渡段，景观协调	交安	江西大广高速公路复线、重庆铜安高速公路、乌鲁木齐西绕城高速公路
30	公路行车安全智能诱导及防撞预警系统	公路行车安全智能诱导及防撞预警系统根据不同线形条件和交通流状况，结合气象环境信息，采用光、文字、闪频等诱导警示，为驾驶员提供行车主动诱导警示，实现交通环境自适应特点的低能见度天气、线形受限、事故多发等路段在途车辆安全诱导	交安机电	北京、吉林、辽宁、河北等全国20多个省（区、市）
31	数字化交付与建养一体化	设计成果的交付从常规纸质文件交付向数字化模型交付转型。利用建设期信息化系统和BIM模型，直接将模型和关键数据信息传递至运维期，并作为运维期公路资产管养的初始状态延续使用	建管养一体化	南京五桥、浦仪路、狮子洋大桥等

附录 C 资料清单

C.0.1 根据工程需要收集建设期资料、运营期资料、风险普查资料，以及其他必要资料。

C.0.2 建设期资料清单包含下列内容：
1 工程可行性研究报告及环评、防洪、水土保持等其他专题研究报告。
2 工程设计文件、竣工图及工程勘察资料。
3 交(竣)工验收资料。

C.0.3 风险普查资料清单包含下列内容：
1 公路灾害风险隐患大排查大整治资料。
2 高速公路设计回溯资料。
3 公路承灾体普查资料。

C.0.4 运营期资料清单包含下列内容：
1 路基路面、桥梁、隧道、交通安全设施等初始检查、定期检查、特殊检查报告等；监测评估报告、长期观测报表、技术状况评定及相关检测报告等资料。
2 大中修和养护工程相关设计、施工、监理、交竣工验收资料。
3 已有地质灾害工程治理资料；气象灾害、超限运输等特殊事件的损伤、处治、安全风险评估与防控报告等。
4 交通量、车型组成以及交通事故资料。
5 运营管理单位概况及安全生产管理组织体系架构相关汇编文件。
6 运营管理单位公路养护、安全与应急管理制度体系汇编；与气象部门建立的会商机制，与公安交管部门建立的分级分类管控机制，与相邻路段、上级单位和行业主管部门建立的路网运行调度机制及落实情况等资料。
7 运营管理单位突发事件应急预案汇编、应急物资装备清单、应急抢险队伍组成及培训计划与实施情况、应急演练计划与开展情况等资料。
8 运营管理单位公路安全风险分级管控与事故隐患排查治理体系文件与落实情况。
9 近年来受水文、地质、气象及地震等外部环境变化影响等引起的典型突发事件与应急处置情况。
10 结构监测、监测预警等资料。
11 涉路工程相关资料。

附录 D　单体工程评估

D.0.1　路基路面单体工程评分值与特性指标评分值应分别按式(D.0.1-1)和式(D.0.1-2)计算，评分要求见表 D.0.1-3。

$$R_{\mathrm{ILM}} = 20 \sum_{i=1}^{5} \theta_i R_{\mathrm{ILM}**} \quad (\text{D.0.1-1})$$

$$R_{\mathrm{ILM}**} = \sum \omega_i V_i \quad (\text{D.0.1-2})$$

式中：

R_{ILM}——路基路面单体工程评分值；

θ_i——特性指标权重，可按表 D.0.1-3 取值；

ω_i——表征指标权重，可按表 D.0.1-3 取值；

V_i——评分标度，可按表 D.0.1-3 取值；

$R_{\mathrm{ILM}**}$ 分别是 R_{ILMRY}、R_{ILMYB}、R_{ILMWJ}、R_{ILMHF}、R_{ILMSY}——路基路面单体工程的冗余性、应变性、稳健性、恢复性、适应性 5 个一级特性指标。路线、桥涵、隧道、交通安全设施单体工程评分值参照式(D.0.1-1)、式(D.0.1-2)计算，评分要求见表 D.0.1-1 ~ 表 D.0.1-9。

条文说明

单体工程评分值范围为 60~100，划分为 5 个区间，分别为 [60, 68)、[68, 76)、[76, 84)、[84, 92)、[92, 100]。

D.0.2　单体工程存在两种及以上扰动时，以最不利扰动为主评估；多种扰动叠加特征明显时，各特性指标应按最低标度评分。

条文说明

实际工程中存在两种及以上扰动影响单体工程的情况。如西南省份山区跨河谷桥梁可能受地震与洪水扰动影响，叠加概率小，可根据扰动时空特性和对桥梁影响等判定主要扰动，以最不利扰动进行评估。又如我国沿海地区桥梁可能受环境腐蚀和车流量（荷载）变化扰动影响，两种扰动同时存在，评估时需考虑叠加效应，各特性指标应按最低标度评分。

表 D.0.1-1 路线（主线与互通立交服务区）单体工程评估表

一级指标		二级指标
特性指标（权重 θ_i）	表征指标（权重 ω_i）	评分标度 V_i
冗余性 R_{ILXRY}（0.6）	路线指标设防能力（0.3）	根据公路主线一般路段、互通立交、服务区、停车区的出入口和匝道线形指标的规范符合性、安全提升措施实施情况和效果，酌情评分： 3、符合《公路路线设计规范》（JTJ 011—94）或更早期标准规范规定； 4、符合《公路路线设计规范》（JTG D20—2006）规定，或采取措施效果良好； 5、符合《公路路线设计规范》（JTG D20—2017）、《公路立体交叉设计细则》（JTG/T D21—2014）规定，或采取措施效果良好
	相关设施设防能力（0.7）	根据单体工程韧性评估结果，强调韧性提升工程总体设计，综合单体工程措施实施情况和效果，酌情评分： 3、受水文、地质、气象等外部环境变化影响，路桥隧单体工程安全隐患无法通过工程处治提升韧性的路段。通行安全高风险或通行能力、服务能力不足，无法通过交通安全设施等综合设置提升韧性的路段； 4、受水文、地质、气象等外部环境变化影响，路桥隧单体工程安全隐患可通过工程处治提升韧性的路段。通行安全高风险或通行能力、服务能力不足，可通过交通安全设施等综合设置缓解韧性不足的路段； 5、其他路段，或通过交通安全设施等综合设置能够提升安全韧性的路段
适应性 R_{ILXSY}（0.4）	交通适应性（1.0）	根据公路主线，互通立交、服务区、停车区路段的交通运行状况，措施实施情况和预期效果，酌情评分： 3、服务水平下降到四级及以下，服务能力不足或通行安全高风险； 4、服务水平达到三级； 5、服务水平高于三级

1. 相关设施指：路基路面、桥梁、隧道等支撑路线的构造物，以及交通安全设施等。
2. 交通适应性中，服务水平、通行安全风险等因素按最不利情况选取。
3. 冗余性中路线指标设防能力和相关设施设防能力为关键项。
4. 服务水平分级按照《公路路线设计规范》（JTG D20—2017）执行，并根据平时或节假日平均日交通量计算。
5. 除路桥隧单体工程安全隐患通过调整公路线位处治的情况外，该表还适用于主线右侧硬路肩宽度不足导致通行安全高风险需增设紧急停车带或加宽，主线线形组合不良导致通行安全高风险需调整线位，互通立交出入口视距不足导致通行安全高风险需调整出入口位置或布局，互通立交和服务区、停车区出入口变速车道和匝道长度不足导致通行安全高风险需延长变速车道和匝道长度，互通立交通行能力不足导致拥堵需增加出入口车道数、匝道车道数或改建匝道，互通立交与互通立交、服务区、隧道等出入口间距不足导致通行安全高风险或拥堵需增设辅助车道、集散车道、归并连续出入口，服务区和停车区场区面积不足导致拥堵或排队倒灌主线事故多发需扩建提升服务能力等情况的评估。

表 D.0.1-2 路线(连续纵坡)单体工程评估表

一级指标	二级指标	
特性指标 (权重 θ_i)	表征指标 (权重 ω_i)	评分标度 V_i
冗余性 R_{ILXRY} (0.8)	路线指标 设防能力 (0.3)	根据公路连续纵坡路段线形指标的规范符合性、安全提升措施实施情况和效果，酌情评分： 3，符合《公路路线设计规范》(JTJ 011—94)和《公路路线设计规范》(JTG D20—2006)规定。路线指标属于《提升公路连续长陡下坡路段安全通行能力专项行动技术指南》(交办公路〔2019〕44 号)规定的Ⅳ类、Ⅴ类长陡下坡； 4，符合《公路路线设计规范》(JTG D20—2017)规定。路线指标属于《提升公路连续长陡下坡路段安全通行能力专项行动技术指南》(交办公路〔2019〕44 号)规定的Ⅱ类、Ⅲ类长陡下坡，或通过交通安全设施等综合设置效果良好； 5，其他连续纵坡，或通过交通安全设施等综合设置效果良好
	相关设施 设防能力 (0.7)	根据公路连续纵坡路段避险车道、服务区/停车区/加水站、爬坡车道、路面状况等设施的设置情况和效果，酌情评分： 3，符合《公路工程技术标准》(JTJ 001—97)或更早期标准规范规定； 4，符合《公路工程技术标准》(JTG B01—2003)和《公路工程技术标准》(JTG B01—2014)规定，或采取其他工程措施效果良好； 5，符合《提升公路连续长陡下坡路段安全通行能力专项行动技术指南》(交办公路〔2019〕44 号)和《公路交通安全设施设计规范》(JTG D81—2017)规定，或采取其他工程措施效果良好
适应性 R_{ILXSY} (0.2)	交通 适应性 (1.0)	根据公路连续纵坡路段交通运行状况，措施实施情况和效果，酌情评分： 3，服务水平下降到四级及以下，或通行安全高风险； 4，服务水平达到三级； 5，服务水平高于三级

1. 相关设施指：避险车道、服务区/停车区/加水站、爬坡车道、路面抗滑性能等有助于提升长陡下坡韧性的设施或因素。
2. 交通适应性中，服务水平、通行安全风险等因素按最不利情况选取。
3. 冗余性中路线指标设防能力和相关设施设防能力为关键项。
4. 服务水平分级按照《公路路线设计规范》(JTG D20—2017)执行，并根据平时或节假日平均日交通量计算。
5. 该表适用于连续上坡和连续长陡下坡通行能力不足导致拥堵需增设爬坡车道和货车车道，连续长陡下坡通行安全高风险需增设或改造货车检查站/加水站、货车停车区、避险车道、路面抗滑性能等相关沿线设施或改线等情况的评估。当对位于连续纵坡路段的线形组合指标进行评估时采用表 D.0.1-1 路线单体工程评估表。

表 D.0.1-3 路基路面单体工程评估表

一级指标	二级指标	
特性指标 (权重 θ_i)	表征指标 (权重 ω_i)	评分标度 V_i
冗余性 R_{ILMRY} (0.5)	路基整体 稳定性 (0.6)	专业人员根据以往建设养护资料、路基路面断面形式(坡率、坡高)、地质状况、填土类型、支挡防护工程变形状况和监测预警数据等信息，基于工程经验和专业知识，评估路基在强降雨、地质环境改变和地震等外部扰动下的稳定性，酌情评分： 3，路基整体欠稳定； 4，路基整体基本稳定； 5，路基整体稳定

续表 D.0.1-3

一级指标	二级指标	
特性指标 （权重 θ_i）	表征指标 （权重 ω_i）	评分标度 V_i
冗余性 R_{ILMRY} （0.5）	监测预警 有效性 （0.1）	根据路基稳定性监测预警方案和指标的合理性、完整性和实际使用效果，酌情评分： 3，监测预警设备失效或缺失，无法进行有效监测预警；无告警阻拦装置或失效，无告警功能或失效； 4，监测预警设备基本处于正常运行状态，监测预警系统基本有效；告警阻拦装置基本符合《关于进一步加强监测预警提升公路防灾抗灾能力的通知》（交办公路函〔2024〕1538号）要求； 5，监测预警设备运行正常，监测预警系统运行有效；告警阻拦装置符合《关于进一步加强监测预警提升公路防灾抗灾能力的通知》（交办公路函〔2024〕1538号）要求，运行正常
	技术状况 （0.3）	根据路基路面的开裂、沉陷、滑移、路基支挡防护结构的完整性，酌情评分： 3，路基路面有明显纵向开裂、沉陷和滑移；路基支挡防护结构失效或有结构性损伤；路基路面排水设施破损严重，排水能力严重不足； 4，路基路面仅有少许纵向开裂、沉陷；路基支挡防护结构外表有破损，但结构功能基本满足要求；路基路面排水设施仅有少量破损，排水能力基本满足； 5，路基路面无明显纵向开裂或沉降变形；路基支挡防护结构完整，功能满足要求；路基路面排水设施无明显破损，排水能力满足要求
应变性 R_{ILMYB} （0.2）	— （1.0）	依据历史养护情况，根据路基路面的积水、开裂、沉陷、坍塌和路面异物堆积状况，酌情评分： 3，近3年路基路面发生过明显的沉陷、水毁、坍塌和异物堆积（主要为泥石流、崩塌落石和边坡垮塌所致）； 4，近3年路基路面发生过少量积水、开裂和少许落石； 5，近3年路基路面未发生过积水、开裂、沉陷、坍塌和异物堆积
稳健性 R_{ILMWJ} （0.1）		根据外部扰动后，对路基路面可能造成的灾害规模、后果严重程度，酌情评分： 3，差，路基垮塌、异物堆积规模大（≥5000m³）、后果严重； 4，较差，路基垮塌、异物堆积规模较大（≥500m³）、后果较严重； 5，一般，路基垮塌、异物堆积规模小（<500m³）、后果不严重
恢复性 R_{ILMHF} （0.1）		根据路基路面灾害的规模、交通恢复难易程度等，酌情评分： 3，恢复困难，灾后垮塌规模大，恢复成本高，交通恢复时间长； 4，恢复较困难，灾后垮塌规模较大，恢复成本较高，交通恢复时间较长； 5，易恢复，灾后垮塌规模较小，恢复成本一般，交通恢复时间较短
适应性 R_{ILMSY} （0.1）		外部扰动后，根据路基路面工程发生异物堆积、路基开裂、沉陷和坍塌破坏等对交通的影响程度，酌情评分： 3，差，双向中断交通； 4，较差，部分交通中断； 5，一般，不会导致交通中断

1. 已设置监测预警的路段，其冗余性评估按本表执行。未设置监测预警的路段，则取消该项评估，冗余性中的"路基整体稳定性""技术状况"的权重分别为0.6、0.4。
2. 冗余性中路基整体稳定性和技术状况为关键项。

表 D.0.1-4 桥涵单体工程评估表

一级指标	二级指标	
特性指标（权重 θ_i）	表征指标（权重 ω_i）	评分标度 V_i
冗余性 R_{IQHRY}（0.6）	承受能力（0.6）	根据本指南表 D.0.1-5 内容评分
	结构监测与监测预警（0.1）	3，结构监测（或监测预警）设备失效或缺失，无法有效监测与报警；无告警阻拦装置或失效，无告警功能或失效； 4，结构监测（或监测预警）设备基本处于正常运行状态，监测与报警基本有效；告警阻拦装置基本符合《关于进一步加强监测预警提升公路防灾抗灾能力的通知》（交办公路函〔2024〕1538 号）要求； 5，结构监测（或监测预警）设备运行正常，监测与报警高效。告警阻拦装置符合《关于进一步加强监测预警提升公路防灾抗灾能力的通知》（交办公路函〔2024〕1538 号）要求，运行正常 注：设置了告警阻拦装置的才参与评分。
	设防能力（0.1）	3，按照《公路桥涵设计通用规范》（JTJ 021—89）设计； 4，按照《公路桥涵设计通用规范》（JTG D60—2004）设计； 5，按照《公路桥涵设计通用规范》（JTG D60—2015）设计
	技术状况（0.2）	3，上部或下部主要承重构件技术状况达到 4、5 类； 4，上部或下部主要承重构件技术状况达到 3 类； 5，上部或下部主要承重构件技术状况达到 1、2 类
应变性 R_{IQHYB}（0.1）	—（1.0）	根据本指南表 D.0.1-5 内容评分
稳健性 R_{IQHWJ}（0.1）		
恢复性 R_{IQHHF}（0.1）		
适应性 R_{IQHSY}（0.1）		

1. 已设置结构监测或公路自然灾害监测预警的桥涵，"结构监测与监测预警"二级指标评分可按本表执行。结构监测或监测预警均未设置的，取消此项目评分，"承受能力""设防能力""技术状况"权重分别设为 0.7、0.1、0.2。
2. 冗余性的表征指标中承受能力、技术状况为关键项，适应性的表征指标为关键项。
3. 本表中的适应性特性指标是专业工程安全韧性属性指标之一，与《公路桥涵养护规范》中适应性评定不同。
4. "技术状况"中"上部或下部主要承重构件技术状况"指受扰动直接影响构件的技术状况。
5. 对于按本表进行评估的涵洞，表征指标"技术状况"按以下规定执行：涵洞技术状况为"差""危险"的评分标度取 3；涵洞技术状况为"较差"的评分标度取 4；涵洞技术状况为"较好""好"的评分标度取 5。
6. 现有规范中无技术状况评定等级的，可参照《公路桥梁技术状况评定标准》（JTG/T H21—2011）3.2.4、3.2.5 等条款的原则确定。
7. 涵洞评估仅涉及洪水扰动、地震扰动、环境腐蚀扰动、车流量（荷载）变化扰动；其中洪水扰动评估中，不考虑应变性评分，并将冗余性特性指标权重调整为 0.7。
8. 地震扰动下，现状地震动峰值加速度大于或等于 0.2g 的明涵，仅针对适应性开展评估，其表征指标为关键项，按照下列标准独立评估（提升后，满足关键项标度宜不低于 4）：盖板与涵台未设置锚栓连接或不满足现行抗震设计要求的，评分标度取 3；盖板与涵台设置锚栓连接且满足现行抗震设计要求，或为外形封闭的圆管涵或箱涵的，评分标度取 4。

表 D.0.1-5　桥涵单体工程评分标度说明表

序号	扰动类型	一级指标		二级指标
		特性指标	表征指标	评分标度 V_i
1	河床冲刷扰动	冗余性 R_{IQHRY}	承受能力	根据变化后的水文条件(河道摆动变迁,河床冲淤,水深、流量、流速变化等)计算桥墩基础冲刷深度,或实际测量冲刷深度值,取两者的最不利值与设计值对比,酌情评分: 3,最不利值大于设计值; 4,最不利值略小于设计值,富余较小; 5,最不利值小于原设计值,富余较大
		应变性 R_{IQHYB}		根据桥梁下部结构墩形系数,或桥梁所处河道丁坝、导流堤等调治构造物,酌情评分: 3,桥梁下部结构墩形系数 >1.0,或未设置调治构造物,或调治构造物不满足需求; 4,桥梁下部结构墩形系数 =1.0,或调治构造物基本满足需求; 5,桥梁下部结构墩形系数 <1.0,或调治构造物满足需求
		稳健性 R_{IQHWJ}		根据桥梁所处河道铺砌、护坦、抛石护基、石笼网箱等附属防冲刷措施,酌情评分: 3,未设置附属防冲刷措施或附属防冲刷措施不满足需求; 4,附属防冲刷措施基本满足需求; 5,附属防冲刷措施满足需求
		恢复性 R_{IQHHF}	—	根据桥梁基础形式情况酌情评分: 3,基础形式为浅基础; 4,下部结构为桩柱式,未设置承台、横系梁; 5,下部结构为桩柱式,且设置承台、横系梁
		适应性 R_{IQHSY}		针对多柱式桥梁,根据墩柱间横系梁、防落梁挡块等设置情况,酌情评分: 3,未设置横系梁和防落梁挡块等构件,或构件设置不合理; 4,设置横系梁和防落梁挡块等构件; 5,设置横系梁和防落梁挡块等构件,且在桥梁冲刷作用下能抵御墩柱损毁或落梁。 针对浅基础桥梁,根据基础埋置深度、防落梁挡块等设置情况,酌情评分: 3,基础埋深不满足现行标准,未设置防落梁挡块,或挡块设置不合理; 4,基础埋深满足现行标准,设置防落梁挡块; 5,基础埋深满足现行标准,设置防落梁挡块,且在桥梁冲刷作用下能抵御墩柱损毁或落梁。 注:桥梁评估对象上部结构为简支梁的,可酌情取低分值

续表 D.0.1-5

序号	扰动类型	一级指标		二级指标	
		特性指标	表征指标	评分标度 V_i	
2	洪水扰动	冗余性 R_{IQHRY}	承受能力	针对桥梁，根据变化后的水文条件（洪水流量、流速变化等），按照《公路桥涵养护规范》（JTG 5120—2021）评定桥梁抗洪能力，进行评分： 3，抗洪能力等级为"弱""差"； 4，抗洪能力等级为"可"； 5，抗洪能力等级为"强"。 针对涵洞，根据变化后的洪水流量，按照《公路涵洞设计规范》（JTG/T 3365-02—2020）进行水力计算，酌情评分： 3，设计洪水和漂浮物通过性、路基及基底稳定性不满足现行标准； 4，设计洪水和漂浮物通过性、路基及基底稳定性满足现行标准； 5，设计洪水和漂浮物通过性、路基及基底稳定性满足现行标准，且有富余	
		应变性 R_{IQHYB}	—	根据桥梁下部结构墩形系数、水流夹角，或桥梁所处河道调治构造物（丁坝、导流堤等）、导流设施（截水墙、河床铺砌、沉砂池、分洪渠等）等桥梁防洪措施，酌情评分： 3，下部结构为圆形、尖端形或圆端形截面柱式排架墩，且桥墩横桥向中心线与水流存在夹角；下部结构为方形或矩形截面桥墩，且阻水面积大；或未设置防洪措施，防洪措施不满足需求； 4，下部结构为圆形、尖端形或圆端形截面柱式排架墩，且桥墩横桥向中心线与水流无夹角；下部结构为方形或矩形截面桥墩，且阻水面积小；或防洪措施基本满足需求； 5，下部结构为圆形、尖端形或圆端形截面独立柱式桥墩；或防洪措施满足需求。 注：方形、矩形、圆形、尖端形、圆端形截面桥墩见《公路桥涵设计通用规范》（JTG D60—2015）条文4.3.9	
		稳健性 R_{IQHWJ}		根据桥梁墩身和基础防漂流冲击措施、横系梁、台后路基防护等结构设置情况酌情评分： 3，未设置桥梁墩身和基础防漂流物冲击措施、横系梁、台后路基防护等结构，或结构不满足需求； 4，桥梁墩身和基础防漂流物冲击措施、横系梁、台后路基防护等结构基本满足需求； 5，桥梁墩身和基础防漂流物冲击措施、横系梁、台后路基防护等结构满足需求。 根据涵洞防护设施（截水墙、河床铺砌等）、消能措施（急流槽、跌水、消力池等）等，酌情评分： 3，未设置防护措施；在纵坡陡、流速大的河沟，需设置而未设置消能措施；已设置防护或消能措施但不满足需求； 4，已设置防护或消能措施，基本满足需求； 5，已设置防护或消能措施，满足需求	

续表 D.0.1-5

序号	扰动类型	一级指标 特性指标	二级指标 表征指标	评分标度 V_i
2	洪水扰动	恢复性 R_{IQHHF}	—	根据桥梁基础形式，酌情评分： 3，基础为浅基础； 4，下部结构为桩柱式，未设置承台、横系梁； 5，下部结构为桩柱式，且设置承台、横系梁。 根据涵洞基础形式，酌情评分： 3，基础为非整体式，且埋置深度不满足现行标准； 4，基础为非整体式，且埋置深度满足现行标准；或基础为整体式
2	洪水扰动	适应性 R_{IQHSY}	—	针对多柱式桥梁，根据墩柱间横系梁、防落梁、挡块等设置情况酌情评分： 3，未设置横系梁和防落梁挡块等构件，或构件设置不合理； 4，设置横系梁和防落梁挡块等构件； 5，设置横系梁和防落梁挡块等构件，且在洪水作用下能抵御墩柱损毁或落梁。 针对浅基础桥梁，根据基础埋置深度、防落梁挡块等设置情况，酌情评分： 3，基础埋深不满足现行标准，未设置防落梁挡块，或挡块设置不合理； 4，基础埋深满足现行标准，设置防落梁挡块； 5，基础埋深满足现行标准，设置防落梁挡块等构件，且在洪水作用下能抵御墩柱损毁或落梁。 针对涵洞，按以下要求酌情评分： 3，盖板与涵台未设置锚栓连接； 4，盖板与涵台设置锚栓连接；或外形封闭的圆管涵或箱涵等。 注：桥梁评估对象上部结构为简支梁的，可酌情取低分值
3	地震扰动	冗余性 R_{IQHRY}	承受能力	对于规则桥梁，以典型墩或制动墩的纵向钢筋配筋率限值、桥墩（含墩梁节点）箍筋最小配箍率和布置、桥墩纵向钢筋在盖梁和承台里的锚固长度为承载能力的主要评估指标，参照《公路桥梁抗震设计规范》（JTG/T 2231-01—2020）的取值作为评估依据： 3，不满足现行规范； 4，满足现行规范。 对于非规则桥梁： 3，按《公路桥梁抗震设计细则》（JTG/T B02-01—2008）之前标准设计的桥梁，未开展专题研究的；或当前桥梁抗震设防等级下结构构件强度与变形不满足现行规范抗震性能要求； 4，按《公路桥梁抗震设计细则》（JTG/T B02-01—2008）标准设计的桥梁，结构构件强度与变形满足抗震性能要求； 5，当前桥梁抗震设防等级下结构构件强度与变形满足现行规范抗震性能要求。 注：本条内容仅适用于梁式桥抗震性能（墩身强度与变形能力）的初步评估，韧性提升对象与抗震加固方案的确定还需按现行规范开展抗震性能验算

续表 D.0.1-5

序号	扰动类型	一级指标		二级指标	
		特性指标	表征指标	评分标度 V_i	
3	地震扰动	应变性 R_{IQHYB}		3，未按建设期抗震规范要求开展分析和设计；或 A 类桥、B 类桥未按《公路桥梁抗震设计细则》(JTG/T B02-01—2008)进行两水准、两阶段设计； 4，C 类桥按《公路桥梁抗震设计细则》(JTG/T B02-01—2008)进行一水准、一阶段设计； 5，按《公路桥梁抗震设计细则》(JTG/T B02-01—2008)及之后的规范进行两水准、两阶段设计	
		稳健性 R_{IQHWJ}		根据桥墩、桥台、基础等关键构件技术状况，缓冲装置情况，酌情评分： 3，技术状况为 3 类及以下； 4，技术状况为 2 类，且设置缓冲装置或功能正常； 5，技术状况为 1 类，且设置缓冲装置或功能正常	
		恢复性 R_{IQHHF}	—	根据抗震设计方法酌情评分： 3，不满足《公路桥梁抗震设计细则》(JTG/T B02-01—2008)延性设计要求； 4，按照延性方法设计，且满足现行抗震规范要求； 5，按照减隔震方法设计	
		适应性 R_{IQHSY}		针对桥梁，结合抗震设防等级要求，根据主梁纵向支承长度设置情况，纵向限位、纵向连梁、横向限位等防落梁措施设置情况，酌情评分： 3，纵向支承长度设置不满足规范要求；未设置防落梁措施，或措施不满足规范要求； 4，纵向支承长度设置满足规范要求；根据设防需要设置防落梁措施，但少部分设施功能失效或防落梁能力基本满足规范要求； 5，纵向支承长度设置满足规范要求；根据设防需要设置防落梁措施，满足规范要求，且状态良好。 注：纵向支承长度指梁端至墩、台帽或盖梁边缘的最小距离，按《公路桥梁抗震设计规范》(JTG/T 2231-01—2020)要求设置	
4	环境腐蚀扰动	冗余性 R_{IQHRY}	承受能力	根据混凝土桥梁主要承重构件(梁桥的下部结构、上部结构等，悬吊结构体系桥梁的主梁、主缆、吊杆等)与涵洞的主要承重构件的承载能力，酌情评分： 3，承载能力不满足现行标准； 4，承载能力满足现行标准； 5，承载能力满足现行标准，且有富余	
		应变性 R_{IQHYB}	—	根据混凝土桥梁主要承重构件(下部结构、上部结构等)与涵洞的主要承重构件保护层厚度，或悬吊结构体系桥梁主要承重构件(主梁、主缆、吊杆等)防排水措施等情况，酌情评分： 3，保护层厚度不满足现行标准，未设置防排水措施； 4，保护层厚度基本满足现行标准；设置排水措施，但功能退化； 5，保护层厚度满足现行标准；设置防排水措施，功能良好	

续表 D.0.1-5

序号	扰动类型	一级指标 特性指标	二级指标 表征指标	评分标度 V_i
4	环境腐蚀扰动	稳健性 R_{IQHWJ}	—	据桥梁(涵洞)主要承重构件防腐措施(牺牲阳极、涂装体系、除湿系统等)设置情况,酌情评分: 3,未设置防腐涂措施、除湿系统; 4,设置防腐涂措施、除湿系统,但功能不正常; 5,设置防腐涂措施、除湿系统,功能良好
		恢复性 R_{IQHHF}	—	3,对于冗余性中承受能力表征指标评分标度为3,且属于不可更换构件的; 4,其他情况取4分; 5,对于冗余性中承受能力表征指标评分标度为4或5,属于可更换构件,且设置了便于更换的构造措施的
		适应性 R_{IQHSY}		3,对于冗余性中承受能力表征指标评分标度为3,且属于不可更换构件的,或无加劲纵梁吊杆拱桥等悬吊结构体系桥梁; 4,其他情况取4分
5	风扰动	冗余性 R_{IQHRY}	承受能力	根据变化后的风环境条件计算[按《公路桥梁抗风设计规范》(JTG/T 3360-01—2018)执行]桥梁主要承重构件的抗风承载力及稳定性,或评估风致行车安全的影响,酌情评分: 桥梁主要承重构件W1、W2风作用水平的承载力及稳定性: 3,不满足要求; 4,满足要求; 5,满足要求,且有富余。 风致行车安全: 3,评估风致行车安全的影响较大,且不接受的; 4,评估风致行车安全的影响较小,且可接受的; 5,评估风致行车安全无影响。 注:按上述两项指标最不利评分取值
		应变性 R_{IQHYB}		3,有抗风抑制振动措施及桥面风致行车安全措施,技术状况较差,或有影响气动外形的新增设施; 4,有抗风抑制振动措施及桥面风致行车安全措施,技术状况一般,无影响气动外形的新增设施; 5,有抗风抑制振动措施及桥面风致行车安全措施,技术状况良好,无影响气动外形的新增设施
		稳健性 R_{IQHWJ}	—	根据构件附设的缓冲装置等设置情况,酌情评分: 3,缓冲装置缺失或失效; 4,缓冲装置技术状况一般; 5,缓冲装置技术状况良好
		恢复性 R_{IQHHF}		根据变化后的风环境条件计算[按《公路桥梁抗风设计规范》(JTG/T 3360-01—2018)执行]桥梁主要承重构件的抗风承载能力极限状态和正常使用状态计算结论,酌情评分: 3,抗风承载能力极限状态不满足要求; 4,抗风承载能力极限状态满足要求,正常使用状态不满足要求; 5,抗风承载能力极限状态和正常使用状态均满足要求

续表 D.0.1-5

序号	扰动类型	一级指标 特性指标	一级指标 表征指标	二级指标 评分标度 V_i
5	风扰动	适应性 R_{IQHSY}	—	根据抗风支座、吊索横向连接器、辅助索等限制结构主要构件疲劳破坏的措施设置情况，酌情评分： 3，抗风支座、吊索横向连接器、辅助索等缺失或失效； 4，抗风支座、吊索横向连接器、辅助索等技术状况一般； 5，抗风支座、吊索横向连接器、辅助索等技术状况良好
6	船舶碰撞扰动	冗余性 R_{IQHRY}	承受能力	船舶撞击根据《公路桥涵设计通用规范》(JTG D60—2015)相关规定开展相应计算，酌情评分： 3，桥梁抗撞能力远不满足要求，或通航净空不满足要求； 4，桥梁抗撞能力富余系数略大于1，且通航净空满足要求； 5，桥梁抗撞能力富余系数大，且通航净空满足要求
		应变性 R_{IQHYB}		3，桥梁主体结构结构性防船撞设施仍不足以抵抗设防船撞力； 4，桥梁主体结构需结合结构性防船撞设施共同抵抗设防船撞力； 5，桥梁主体结构自身具备抗设防船撞力的能力，或独立设置防撞墩（岛）
		稳健性 R_{IQHWJ}		根据桥墩防撞(防护)设施技术状况，酌情评分： 3，未设置防撞(防护)设施； 4，设置防撞(防护)设施，但有缺失或损坏； 5，设置防撞(防护)施，且完好
		恢复性 R_{IQHHF}	—	根据撞击可能发生的部位，酌情评分： 可能撞击主梁： 3，上部结构为装配式结构，且未设横向联系； 4，上部结构为装配式结构，设置有横向联系； 5，上部结构为整体式结构。 可能撞击墩身(承台)： 3，柱式墩或排架式墩未设置横向联系； 4，排架式墩设置有横向联系； 5，重力式墩或实体桥墩等抗撞能力较好的桥墩。 可能撞击桩基础的直接取3分
		适应性 R_{IQHSY}		对于撞击梁体，根据设置横向限位装置，酌情评分： 3，未采取增强上、下部结构横向整体性措施的，或未设防落梁装置； 4，采取了增强上、下部结构横向整体性措施的，或设置有防落梁装置，且有缺失或损坏； 5，采取了增强上、下部结构横向整体性措施的，或设置有防落梁装置，且完好
7	车流量（荷载）变化	冗余性 R_{IQHRY}	承受能力	根据桥梁(涵洞)在变化后的车流量及荷载作用下，上下部结构承载能力极限状态验算的承载能力冗余度(安全系数)计算结果，酌情评分： 3，桥梁上下部结构或涵洞主要承重构件承载力不满足要求； 4，桥梁上下部结构或涵洞主要承重构件安全系数略大于或等于1； 5，桥梁上下部结构或涵洞主要承重构件安全系数较大

续表 D.0.1-5

序号	扰动类型	一级指标		二级指标	
		特性指标	表征指标		评分标度 V_i
7	车流量(荷载)变化	应变性 R_{IQHYB}	—	根据桥梁(涵洞)在变化后的车流量及荷载作用下正常使用极限状态变形验算结果，酌情评分： 3，正常使用极限状态变形验算不满足，且出现超限永久结构变形； 4，正常使用极限状态变形验算满足，且出现永久结构变形； 5，正常使用极限状态变形验算满足，结构变形正常	
		稳健性 R_{IQHWJ}		根据桥梁(涵洞)在变化后的车流量及荷载作用下正常使用极限状态抗裂验算结果，酌情评分： 3，正常使用极限状态抗裂验算不满足，或出现较多结构超限裂缝； 4，正常使用极限状态抗裂验算满足，或出现较少结构裂缝； 5，正常使用极限状态抗裂验算满足	
		恢复性 R_{IQHHF}		3，对于冗余性中承受能力表征指标评分标度为3，且安全系数小于等于0.6的； 4，对于冗余性中承受能力表征指标评分标度为3，且安全系数大于0.6的，或属于可更换构件的； 5，对于冗余性中承受能力表征指标评分标度为4或5的	
		适应性 R_{IQHSY}		3，结构体系存在缺陷的桥梁，或冗余性中承受能力表征指标评分标度为3的桥梁； 4，对于冗余性中承受能力表征指标评分标度为4的桥梁； 5，对于冗余性中承受能力表征指标评分标度为5的桥梁。 注："结构体系存在缺陷的桥梁"见本指南3.2.5条文说明	
8	火灾扰动	冗余性 R_{IQHRY}	承受能力	对大交通量、石油化工运输通道、车辆自燃事故多发公路，评估有火灾高风险的悬吊结构体系桥梁，结合桥梁结构类型，悬吊结构体系的主缆、斜拉索、吊杆(索)等构件与起火点横向距离，酌情评分： 3，构件与可能起火点横向距离小，高温辐射或燃烧直接影响构件； 4，构件与可能起火点横向距离较小，高温辐射或燃烧对构件影响小； 5，构件与可能起火点横向距离较大，高温辐射或燃烧对构件影响弱或无。 注：设置了耐火隔热措施的可酌情评分	
		应变性 R_{IQHYB}	—	本项不评价，将对应权重调整到稳健性	
		稳健性 R_{IQHWJ}		根据悬吊结构体系桥梁的主缆、吊杆(索)、斜拉索等构件的耐火隔热护套、梁、墩柱防火涂层、索塔内消防设备等防火措施，酌情评分： 3，未设置防火措施； 4，防火措施基本完备； 5，防火措施完备	
		恢复性 R_{IQHHF}		根据可能受火灾影响的主要承重构件类型，酌情评分： 3，火灾可能导致主缆等不可更换构件的损伤； 4，火灾可能导致吊杆(索)锚固区等不可更换构件的损伤，但可通过加固措施修复； 5，火灾可能导致拉吊杆(索)等可更换构件的损伤	
		适应性 R_{IQHSY}		本项不评价，将对应权重调整到恢复性	

续表 D.0.1-5

序号	扰动类型	一级指标		二级指标	
		特性指标	表征指标	评分标度 V_i	
9	其他扰动	冗余性 R_{IQHRY}	承受能力	根据泥石流、崩塌、落石等地质灾害的影响，以及可能造成的后果，酌情评分： 3，抗冲击承载能力不满足要求，或泥石流作用导致桥梁（涵洞）完全壅塞； 4，抗冲击承载能力基本满足要求，或泥石流作用导致桥梁（涵洞）部分壅塞； 5，抗冲击承载能力满足要求；或无壅塞	
		应变性 R_{IQHYB}		本项不评价，将对应权重调整到稳健性	
		稳健性 R_{IQHWJ}	—	3，扰动路径下关键性结构设施功能不能全部恢复； 4，扰动路径下关键性结构设施功能全部恢复； 5，扰动路径下关键性结构设施功能恢复且部分提升	
		恢复性 R_{IQHHF}		3，设施修复需中断交通，需拆除部分既有结构设施； 4，设施修复不需中断交通，需拆除局部既有结构； 5，桥涵正常通行，无须拆除既有结构	
		适应性 R_{IQHSY}		3，对桥涵安全通行构成较大风险，需对桥涵进行加固与通行管控方可通行，或通行临时中断； 4，对桥涵安全通行的风险一般，需采取临时管控措施保障通行安全，通行能力降低； 5，对桥涵安全通行无影响	

1. 同时存在多种扰动时，应参照本指南 D.0.2 执行。
2. 本表未做特殊规定的，计算均应执行现行规范。
3. 对于存在其他特殊扰动的桥涵，应根据扰动事件时空特性、影响范围与后果及处治措施等综合评分。
4. 泥石流、崩塌、落石等地质灾害类扰动可参考其他扰动评分，其中关键性结构设施（设施损伤损毁导致交通中断）指桥梁上部结构、桥墩（台）、涵洞洞身等承重结构。
5. 受承灾体普查和公路灾害风险隐患排查的一级、二级风险点影响的桥涵单体工程，可按本指南 3.4.2 条执行。

表 D.0.1-6 隧道单体工程评估表

一级指标		二级指标	
特性指标 （权重 θ_i）	表征指标 （权重 ω_i）	评分标度 V_i	
冗余性 R_{ISDRY} （0.3）	结构监测与监测预警 （0.2）	3，无监测预警系统、无监测预警机制或监测预警机制低效； 4，无监测预警系统，但有高效的监测预警机制； 5，建立了监测预警系统及完善高效的监测预警机制；并符合《公路长大隧道结构监测系统试点建设技术指南》、《关于进一步加强监测预警提升公路防灾抗灾能力的通知》（交办公路函〔2024〕1538号）、《公路水下隧道设计规范》要求	
	设施技术状况 （0.8）	3，隧道总体技术状况等级评定大于2类，或关键性结构设施技术状况值存在大于等于2的情况，或隧道频繁维修加固仍无法抑制病害发生； 4，关键性结构设施技术状况值均不大于1，辅助措施技术状况值无大于2的情况； 5，各类结构设施技术值类别均不大于1	

续表 D.0.1-6

一级指标		二级指标	
特性指标（权重 θ_i）	表征指标（权重 ω_i）		评分标度 V_i
应变性 R_{ISDYB} (0.3)	— (1.0)		对照表 D.0.1-7 中指标分级确定
恢复性 R_{ISDHF} (0.2)			3，设施修复需中断交通，需拆除部分既有结构设施； 4，设施修复不需中断交通，需拆除局部既有结构； 5，隧道正常通行，无须拆除既有结构
稳健性 R_{ISDWJ} (0.1)			3，扰动路径下关键性结构设施功能不能全部复原； 4，扰动路径下关键性结构设施功能全部恢复； 5，扰动路径下各类结构设施功能恢复且部分提升
适应性 R_{ISDSY} (0.1)			3，对隧道安全通行构成较大风险，需对隧道进行加固与通行管控方可通行，或通行临时中断； 4，对隧道安全通行的风险一般，需采取临时管控措施保障通行安全，通行能力降低； 5，对隧道安全通行无影响

1. 关键性结构设施包括：隧道边仰坡防护体、隧道洞门、隧道衬砌结构、隧道路面结构、洞内地下水排水系统。
2. 辅助结构设施(设施损坏不影响交通通行)包括：洞外截水沟、洞外排水沟、洞内电缆沟、检修道、电缆沟盖板、洞内路面排水边沟、轻质装饰板等。
3. 冗余性中设施技术状况指标值与应变性中扰动路径下结构稳定状态均为关键项。
4. 隧道机电设施列为关键项，按照下列标准独立评价，但不计入隧道安全韧性评分值：
   (1)由于车流量或车流量组成中大车比例超出设计标准，而导致的隧道通风不满足安全需要时且已经安全评价论证，评分标度取3；
   (2)无(1)情况时，评分标度取4。

表 D.0.1-7 隧道单体工程评分标度说明表

序号	扰动类型	一级指标		二级指标
		特性指标	表征指标	评分标度 V_i
1	集中降雨或强降雨	应变性 R_{ISDYB}	扰动路径下结构稳定状态	"集中降雨或强降雨"作为主要扰动因素引起隧道洞口段坡体滑塌、洞门结构损毁，衬砌结构破坏或造成生命或财产损失。 3，严重，年平均降雨量整体呈现增加趋势，且易造成排水设施损毁或洞口边坡滑塌，或隧道发生突涌水，影响隧道安全通行； 4，一般，年平均降雨量整体呈现增加趋势，排水设施部分损毁或洞口边坡小范围滑落，或隧道渗漏水，不影响隧道通行安全； 5，较好，隧道排水设施无损伤、衬砌无渗漏水
2	地震	应变性 R_{ISDYB}	扰动路径下结构稳定状态	"地震"作为主要扰动因素引起隧道洞口段失稳，衬砌结构错动、开裂等破坏。"地震"划分标准依据近年地震历史与损毁程度。 3，严重，地震区划发生变化，地震等级超越设计标准，地震一旦发生将影响隧道安全通行； 4，一般，隧道结构整体技术状况为1-2类，地震下隧道仅发生局部破损，不影响隧道通行安全； 5，较好，隧道结构整体技术状况为1-2类，地震下隧道仅发轻微生局部破损，隧道通行正常

续表 D.0.1-7

序号	扰动类型	一级指标 特性指标	一级指标 表征指标	二级指标 评分标度 V_i
3	地质环境	应变性 R_{ISDYB}	扰动路径下结构稳定状态	"地质环境"作为主要扰动因素引起隧道洞口坡体滑塌、崩落或造成生命或财产损失；或隧道围岩存在特殊性地质条件，长期作用下可能出现衬砌混凝土腐蚀、围岩应力长期释放未平衡。"地质环境"的划分标准依据地貌特征与历史事件。 3，严重，隧道洞口坡体存在大范围滑塌的可能，易造成洞口封闭；或隧道不定期维修加固，但难以抑制变形发展； 4，一般，隧道洞口坡体存在具备小范围滑塌、崩落可能，不影响隧道通行安全；或隧道衬砌出现较严重病害，实施了维修加固，病害得到基本抑制； 5，较好，隧道洞口坡体坡度较缓、植被发育，无落石可能；或衬砌病害无重大病害，病害属常规病害
4	其他	应变性 R_{ISDYB}	扰动路径下结构稳定状态	若评估对象存在其他扰动时，应根据扰动事件时空特性、影响范围与后果及处治措施等综合评定

1. 同时存在多种扰动时，应参照本指南 D.0.2 执行。

表 D.0.1-8 隧道以外路段交通安全设施单体工程评估表

一级指标 特性指标（权重 θ_i）	二级指标 表征指标（权重 ω_i）	二级指标 评分标度 V_i
冗余性 R_{IJARY} (0.6)	标志设防能力 (0.2)	3，《道路交通标志和标线》(GB 5768—1999)； 4，《道路交通标志和标线 第2部分：道路交通标志》(GB 5768.2—2009)； 5，《道路交通标志和标线 第2部分：道路交通标志》(GB 5768.2—2022)
冗余性 R_{IJARY} (0.6)	护栏设防能力 (0.4)	3，《高速公路交通安全设施设计及施工技术规范》(JTJ 074—1994)； 4，《公路交通安全设施设计规范》(JTG D81—2006)； 5，《公路交通安全设施设计规范》(JTG D81—2017)
冗余性 R_{IJARY} (0.6)	标志和标线技术状况 (0.2)	3，技术状况评定等级为次或差，设计回溯中标志和标线存在风险点； 4，技术状况评定等级为良或中； 5，技术状况评定等级为优
冗余性 R_{IJARY} (0.6)	护栏技术状况 (0.2)	3，技术状况评定等级为次或差，设计回溯中护栏存在风险点； 4，技术状况评定等级为良或中； 5，技术状况评定等级为优
应变性 R_{IJAYB} (0.4)	标志保持正常服务状态的能力 (0.2)	3，常规交通标志，互通立交段指路标志不完备或信息过载，隧道出入口段标志不完备； 4，常规交通标志，互通立交段指路标志完备且信息不过载，隧道出入口段标志完备； 5，采用可变信息标志或主动发光标志等专门提升应变性的设施，互通立交段指路标志完备且信息不过载，隧道出入口段标志完备
应变性 R_{IJAYB} (0.4)	标线保持正常服务状态的能力 (0.3)	3，常规交通标线，互通立交段标线导向箭头不完备，隧道出入口段标线不完备； 4，常规交通标线，互通立交段标线导向箭头完备，隧道出入口段标线完备； 5，采用高亮雨夜标线、振动标线、减速标线等专门提升应变性的设施，互通立交段标线导向箭头完备，隧道出入口段标线完备

续表 D.0.1-8

一级指标	二级指标	
特性指标（权重 θ_i）	表征指标（权重 ω_i）	评分标度 V_i
应变性 R_{IJAYB}（0.4）	护栏保持正常服务状态的能力（0.5）	3、常规护栏，路侧和中分带采用波形梁护栏，桥梁采用金属梁柱式护栏； 4、常规护栏，路侧和中分带采用混凝土护栏，桥梁采用混凝土护栏或组合式护栏； 5、路侧和中分带采用混凝土护栏，桥梁采用混凝土护栏或组合式护栏，采用防融雪剂腐蚀护栏、防积沙积雪护栏、减速护栏、智慧报警护栏等专门提升应变性的设施

1. 当评估路段管养单位无法提供交通安全设施技术状况评定报告时，评估单位结合现场调研的交通安全设施现状，以"明显性能降低"对应于技术状况评定等级为次或差、"轻微性能降低"对应于技术状况评定等级为良或中、"良好技术状态"对应于技术状况评定等级为优进行交通安全设施技术状况的评估。
2. 标志和护栏设防能力评估时应以设施实际达到的功能水平所对应的标准规范进行判定。例如，当某一种设施在标准规范修订过程中指标要求未提高时，虽然建设依据早期标准规范，但设施设防能力仍应评估为修订后标准规范对应的标度；当某一种设施运营使用过程中安全防护能力水平未达到设计预期时，设施设防能力可评估为建设期标准规范降低一个标度但不得小于3标度。
3. 互通立交段指路标志完备性判别标准为：设置2km、1km、500m出口预告标志及出口方向标志、出口标志。标志信息不过载判别标准为：单块标志不超过6条目的地信息，同一断面开设标志不超过8条目的地信息。互通立交段标线导向箭头完备性判别标准为：箭头含义和设置次数符合《道路交通标志和标线　第3部分：道路交通标线》(GB 5768.3—2009)相关规定。
4. 隧道出入口段标志标线完备性判别标准：参照《公路隧道提质升级行动技术指南》相关要求。
5. 常规标志、标线和护栏是指《公路交通安全设施设计细则》(JTG/T D81—2017)中所规定的对应一般路段的设施材料以及形式。
6. 当二级指标同时出现不同标度的情况时，取标度平均值作为该项评分标度值。
7. 考虑到交通标线使用年限，设防能力标准统一按照《道路交通标志和标线　第3部分：道路交通标线》(GB 5768.3—2009)考虑，不再对交通标线设防能力进行评估。
8. 评估路段采用标志标线以外的可实现提醒、警示、诱导功能的新型设施时，可在标志或标线保持正常服务状态的能力评估中，视作专门提升应变性的设施。
9. 冗余性的所有表征指标均为关键项。

表 D.0.1-9　隧道内交通安全设施单体工程评估表

一级指标	二级指标	
特性指标（权重 θ_i）	表征指标（权重 ω_i）	评分标度 V_i
冗余性 R_{IJARY}（0.6）	标志设防能力（0.4）	3、《道路交通标志和标线》(GB 5768—1999)； 4、《道路交通标志和标线　第2部分：道路交通标志》(GB 5768.2—2009)； 5、《道路交通标志和标线　第2部分：道路交通标志》(GB 5768.2—2022)，按照《公路隧道提质升级行动技术指南》进行提质升级
	标志和标线技术状况（0.6）	3、技术状况评定等级为次或差，设计回溯中标志和标线存在风险点； 4、技术状况评定等级为良或中； 5、技术状况评定等级为优

续表 D.0.1-9

一级指标	二级指标	
特性指标（权重 θ_i）	表征指标（权重 ω_i）	评分标度 V_i
应变性 R_{IJAYB} (0.4)	标志保持正常服务状态的能力 (0.5)	4，常规交通标志； 5，采用可变信息标志或主动发光标志等专门提升应变性的设施
	标线保持正常服务状态的能力 (0.5)	4，常规交通标线； 5，采用振动标线、减速标线等专门提升应变性的设施

1. 当评估路段管养单位无法提供交通安全设施技术状况评定报告时，评估单位结合现场调研的交通安全设施现状，以"明显性能降低"对应于技术状况评定等级为次或差、"轻微性能降低"对应于技术状况评定等级为良或中、"良好技术状态"对应于技术状况评定等级为优进行交通安全设施技术状况的评估。
2. 标志设防能力评估时应以设施实际达到的功能水平所对应的标准规范进行判定。例如，当某一种设施在标准规范修订过程中指标要求未提高时，虽然建设依据早期标准规范，但设施设防能力仍应评估为修订后标准规范对应的标度；当某一种设施运营使用过程中安全防护能力水平未达到设计预期时，设施设防能力可评估为建设期标准规范降低一个标度但不得小于3标度。
3. 常规标志、标线是指《公路交通安全设施设计细则》（JTG/T D81—2017）中所规定的对应一般路段的设施材料以及形式。
4. 当二级指标同时出现不同标度的情况时，取标度平均值作为该项评分标度值。
5. 考虑到交通标线使用年限，设防能力标准统一按照《道路交通标志和标线 第3部分：道路交通标线》（GB 5768.3—2009）考虑，不再对交通标线设防能力进行评估。
6. 评估路段采用标志标线以外的可实现提醒、警示、诱导功能的新型设施时，可在标志或标线保持正常服务状态的能力评估中，视作专门提升应变性的设施。
7. 冗余性的所有表征指标均为关键项。

附录 E 制度体系评估

E.0.1 制度体系评分值 S 按式（E.0.1-1）和式（E.0.1-2）计算，评估指标及相应权重见表 E.0.1。

$$S = 20 \sum_{i=1}^{5} \theta_i S_{Zi} \qquad (\text{E.0.1-1})$$

$$S_{Zi} = \sum_{i=1}^{n} \lambda_i V_i \qquad (\text{E.0.1-2})$$

式中：S——制度体系评分值；
　　　S_{Zi}——特性指标评分值；
　　　θ_i——特性指标权重；
　　　λ_i——表征指标权重；
　　　V_i——评分标度；
　　　n——特征指标对应的表征指标数量。

表 E.0.1　制度体系评估表

序号	一级指标		二级指标
	特性指标（权重 θ_i）	表征指标（权重 ω_i）	评分标度 V_i
1	制度保障（0.2）	管理制度健全性（0.4）	3，公路养护、安全与应急管理制度不健全； 4，公路养护、安全与应急管理制度基本健全； 5，公路养护、安全与应急管理制度健全，从公路规划、勘察设计、施工管理、养护管理、运营管理等方面落实公路安全韧性提升长效机制的具体措施全面建立
2	制度保障（0.2）	制度落实有效性（0.6）	3，公路养护、安全与应急管理制度不能有效落实，无法保障公路基础设施处于良好技术状态和正常使用状态； 4，公路养护、安全与应急管理制度基本能够有效落实，基本能够保障公路基础设施处于良好技术状态和正常使用状态； 5，制度落实保障机制健全，公路养护、安全与应急管理制度及落实安全韧性提升长效机制的具体举措得到有效贯彻执行，公路基础设施经常处于良好技术状态和正常使用状态
3	联动机制（0.2）	会商机制联动性（1/3）	3，未与气象、水利等部门建立信息共享渠道； 4，与气象、水利等部门建立信息共享渠道； 5，与气象部门建立气象会商机制，及时开展气象会商研判，并启动暴雨等灾害天气以及因降水、融雪等引发的山洪、地质（滑坡、崩塌、泥石流）等次生灾害防范应对工作

续表 E.0.1

序号	一级指标		二级指标	
	特性指标（权重 θ_i）	表征指标（权重 ω_i）	评分标度 V_i	
4	联动机制（0.2）	管控机制实效性（1/3）	3，未与公安交管等部门建立"一路多方"联勤联动机制； 4，与公安交管等部门建立"一路多方"联勤联动机制且机制运转正常； 5，按照"一路一策"原则，考虑临江临河、高填深挖、降雨强度、桥下水位等因素，确定了分级分类管控阈值，且定期开展阈值评估并动态调整完善，及时与公安交管部门会商确定了分级分类管控措施并得到有效落实，及时确定并发布分流路线信息	
5		调度机制成熟性（1/3）	3，所辖线路路网运行监测信息未接入上级单位路网平台； 4，所辖线路路网运行监测信息接入上级单位路网平台，能够执行上级单位、行业主管部门路网运行调度指令； 5，对所辖重要通道、重要桥隧、重点区域以及重要旅游景区、灾害易发多发区的路网运行实施有效监测，与相邻路段、上级单位、行业主管部门建立了路网运行调度机制，各项调度指令能够得到有效落实	
6	抗灾准备（0.2）	预案体系完备性（1/4）	3，应急预案不健全； 4，应急预案基本健全，针对公路灾毁、恶劣天气等典型事件制定了应急预案； 5，应急预案健全，针对公路灾毁、恶劣天气等典型事件制定了应急预案，预案要素完整，内容充实，贴合实际，跨部门联动流程清晰，可操作性强，且及时修订	
7		物资储备充足性（1/4）	3，应急物资装备缺乏； 4，针对公路灾毁、恶劣天气等典型事件储备了必要的应急物资装备； 5，针对公路灾毁、恶劣天气等典型事件，应急物资装备储备充足，且技术状况良好，应急物资仓库、应急物资站点等布局合理	
8		救援队伍专业性（1/4）	3，未建立专兼职应急救援队伍； 4，针对公路灾毁、恶劣天气等典型事件，建立了专兼职应急救援队伍； 5，针对公路灾毁、恶劣天气等典型事件，建立了专兼职应急救援队伍，并开展针对性培训，应急救援力量布局合理	
9		应急演练针对性（1/4）	3，未组织开展应急演练； 4，针对公路灾毁、恶劣天气等典型事件定期组织开展应急演练； 5，联合公安交管、交通运输综合执法、消防、应急、急救等部门，针对公路灾毁、恶劣天气等典型事件开展实战演练，演练内容多变、方式多样，有效组织演练评估，并针对问题开展整改并完善抗灾准备	
10	预防应对（0.2）	风险管控有效性（1/3）	3，未建立公路安全风险分级管控制度，未组织开展常态化养护巡查和自然灾害风险排查，安全风险未得到有效管控； 4，公路安全风险分级管控制度基本建立，基本能够组织开展常态化养护巡查和自然灾害风险排查，安全风险基本得到管控； 5，公路安全风险分级管控制度健全，制定涵盖各业务板块安全风险清单，能够高效开展常态化养护巡查和自然灾害风险排查，形成安全风险管理台账，能够针对性编制养护规划和年度计划，分类分级管理开展风险点处治，各类安全风险得到及时有效管控	

续表 E.0.1

序号	一级指标		二级指标	
	特性指标 （权重 θ_i）	表征指标 （权重 ω_i）	评分标度 V_i	
11	预防应对 (0.2)	隐患治理 彻底性 (1/3)	3，未建立公路事故隐患排查治理制度，未常态化开展隐患排查治理，事故隐患未得到有效治理； 4，公路事故隐患排查治理制度基本建立，基本能够开展常态化隐患排查治理，事故隐患基本得到治理； 5，公路事故隐患排查治理制度健全，制定涵盖各业务板块事故隐患清单，能够高效开展常态化隐患排查治理，形成隐患管理台账，事故隐患得到有效治理	
12		防御措施 及时性 (1/3)	3，未建立灾害或恶劣天气防御机制； 4，灾害或恶劣天气防御机制基本建立，基本能够根据灾害或恶劣天气预报预警信息采取防御措施，基本能够将道路路况信息、气象预警提示信息、行车安全提示信息等向道路使用者发布； 5，灾害或恶劣天气防御机制健全，能够及时融合、分析研判可能发生的灾害并采取针对性防御措施，及时将道路路况信息、气象预警提示信息、行车安全提示信息等向道路使用者发布	
13	响应抢通 (0.2)	应急响应 时效性 (0.4)	3，突发事件发生后不能及时响应处置； 4，基本能够及时采取应急响应措施； 5，及时发现突发事件并采取应急响应措施	
14		抢通恢复 高效性 (0.6)	3，未制定应急抢通或应急处置方案，或方案不科学，无法保障抢通处置力量在短时间内抵达现场实施抢通或处置，短时间内无法实现应急通行； 4，应急抢通或处置方案基本科学，抢通处置力量基本能够在短时间内抵达现场并实施抢通或处置，基本能够在短时间内实现应急通行； 5，应急抢通或处置方案科学，抢通处置力量能够在短时间内抵达现场并高效实施抢通或处置，能够在短时间内实现应急通行	

E.0.2 根据制度体系评分值 S，按表 E.0.2 确定制度体系贡献度 γ 的取值。

表 E.0.2 制度体系贡献度取值表

制度体系评分值 S	制度体系贡献度 γ	制度体系评分值 S	制度体系贡献度 γ
$S \geq 92$	1.08	$68 \leq S < 76$	0.95
$84 \leq S < 92$	1.05	$S < 68$	0.92
$76 \leq S < 84$	1.00		

E.0.3 公路项目涉及多个运营管理单位的，应分别开展制度体系评估，并应取其中最低值作为公路项目制度体系评分值。